多贝公开课

从门外汉到 BAT 产品经理有多远

张恒◎著

人民邮电出版社
北京

图书在版编目（CIP）数据

从门外汉到BAT产品经理有多远 / 张恒著. -- 北京 : 人民邮电出版社, 2014.12
（多贝公开课）
ISBN 978-7-115-37176-8

Ⅰ. ①从… Ⅱ. ①张… Ⅲ. ①大学生—职业选择 Ⅳ. ①G647.38

中国版本图书馆CIP数据核字(2014)第228234号

内 容 提 要

百度、阿里巴巴、腾讯（BAT），以这三巨头为代表的互联网公司是很多应届毕业生心中的神话。能到这里工作，是很多人梦寐以求的优先选择！但更令人着急的是，吾心向往之却苦无Offer！怎么办？先了解它们的招聘途径和游戏规则！这本书就是为了解救那些“有心向明月”的应届毕业生，为你详尽介绍、分析三巨头的招聘途径和遴选规则，助你过五关斩六将，顺利拿到BAT产品经理的终极Offer！

◆ 著　　　　张　恒
责任编辑　张慧芳
责任印制　焦志炜

◆ 人民邮电出版社出版发行　　北京市丰台区成寿寺路11号
邮编　100164　　电子邮件　315@ptpress.com.cn
网址　http://www.ptpress.com.cn
三河市海波印务有限公司印刷

◆ 开本：880×1230　1/32
印张：8　　　　　　2014年12月第1版
字数：150千字　　　2014年12月河北第1次印刷

定价：35.00元

读者服务热线：(010)81055488　印装质量热线：(010)81055316
反盗版热线：(010)81055315

序

写给暂无互联网 Offer 的应届毕业生

毕业临近，为什么你还没有拿到 Offer？原因多种多样，但无外乎以下几种：

第一是目标一直在改变。从大一到大四一直在寻找不同的目标，追求很多东西，但直到大四都不知道是否喜欢自己的专业，毕业后是马上就业还是继续深造……所有的事情都没有想清楚。步入大四的时候受师兄师姐或家庭的影响忙于考研或考公务员，结果也不太理想。到三月份忙完这两件事情之后发现招聘的企业已经变得很少了，所以没能拿到理想的 Offer。

第二是对找到的第一份工作心有不甘。很明显，对于互联网行业而言，北上广深几大城市的学生有很多的实习机会，但是二三线或中西部城市的学生本身离互联网这样的环境比较远，没有受到熏陶，机会又不多，即使比较向往也要败给现实；受专业的影响，很多理工科或非计算机相关专业的学生开始的关注点只在自己的专业领域；还有一部分人拿到 Offer 以后工作了一段时间，发现并不是自己想要的，希望换一个跟互联网相关的 Offer。

第三类情况是 80% 的人都会遇到的，实习却无法转正。大三下半年到大四上半年很多人都会找实习单位，实习的确是进入一家公司很好的捷径，但真正到了签三方协议、正式毕业的时候又遇到了新的问题。比如行业形势发生变化，之前地位相当、彼此竞争的公司突然有了实力上的悬殊，像赶集网和58同城网，之前地位平等，结果58同城上市了。行业形势发生变化对应届生的需求就会产生变化，比如正在实习的同学就没有办法转正；或者是公司有战略转型，比如最近两年腾讯跟搜狗的合作以及前段时间跟京东的合作。公司本身面临战略转型时，那些跟电商和搜索行业相关的很多实习生就无法转正。因为公司的战略调整，对这方面的员工需求度就会缩减；还有一种可能是实习职位本身无转正可能，这类情况常见于一些人力密集的互联网公司。比如很多学生愿意到某个互联网公司实习，到微视里面去做内容，或者去科技频道、新闻频道做实习编辑，去贴吧和文库做审核编辑。但这些职位名额没有那么多，对人员的要求也没有那么高端，本身工作的技术含量也没那么高，用实习生完全可以解决，这也是行业中一个不成文的秘密。所以假如你在网站看到百度、阿里巴巴、腾讯在招一些实习生的职位，却没有写明是否能转正，且工作比较重复，没有技术含量，那你就要三思而后行了。

前程无忧人力资源调研中心曾对部分企业的HR进行调查，参与调查的255家企业中只有93家的实习生转正率在20%以上。这个概率特别低，所以大家即使去实习也要通过正规的途径和方式，比如腾讯百度的寒假实习招聘，通过此类途径进去的实习生转正机会比较大。

第四类没有拿到Offer的原因可能是认为“目标比选择更重要”。很多人觉得在没有确立目标之前，不能轻易做出选择；还有一些人可能具备独特的能力，但一直都没有碰到合适的伯乐来发掘，他们需要一个能更好地表达自己的舞台。还没有拿到 Offer 的人基本可以用以上几种情况来概述，这些是基本原因。

清楚了这些原因之后，第二个问题就是怎样才能拿到 Offer。舒缓压力是第一步，因为到四五月份招聘的公司已经特别少了，这个时候你要忙着答辩，要跟同学们吃散伙饭，再加上没有拿到 Offer，本身的压力非常大，急需舒缓。在这里跟大家分享我毕业时的一种感受：我是学化学专业的，当时在北京的一个单位实习，但一直觉得那份工作不是我想要的，五月份我辞掉实习工作后回学校做毕业论文。辞职的时候没有感觉太大的压力，也是因为觉得自己还有很多机会。但真正回到学校，各种情绪纠结在一起，我突然感觉有些迷茫，大家都混得挺好的，而我连工作都还没确定，我就开始怀疑自己。

大概到 6 月 20 日的时候我又回到了北京，面试了三家公司，第一个是百度，百度的面试流程比较慢，大概花了两三个星期，然后等待通知。紧接着面试了小米和创新工场的一个项目，创新工场的项目效率特别高，大概三天意向就定下来了，然后接到通知去跟 CEO 聊。前后折腾了不到两周，感觉压力非常大，因为那个时候考虑的问题非常多。

分享这段经历是想让大家在思想上得到解放，即使你在四月份没有拿到 Offer，在六月份依然是有机会的。阿里巴巴的一个朋友之前在微博上更新了一句话，读了很有感触，“那些让我们哭过的事，总有一天你会笑着说出来”。就是说未来你肯定会比现在有更好的前程和发展，而且你现在经历的所有痛苦都是为了给未来埋下一个等待绽放和盛开的伏笔。所以不要让你人生最辉煌的事情停留在“毕业时进了腾讯”，这是我另一个朋友讲的，可能他身边很多人人生最辉煌的时刻停留在20岁左右的某一个点上，之后人生的每一个阶段只会感觉越来越差，那种滋味其实不好受。

当时我年轻气盛，刚在互联网工作半年，看过很多李开复的微博而不以为然。但等我工作两年之后再看这些微博，就有了一些特别深的感触，其实你现在没有Offer，反而是对你人生很好的一个历练。希望大家抛去思想上的压力，你要知道自己的世界只能自己去营造，始终要有一个信念：相信自己会有一份好工作。

张恒

2014年1月1日于北京中关村

目录

Chapter 1　互联网公司面试前要知道的 9 件事

这一章跟大家分享去互联网公司面试你不知道的前规则。此“前规则”非彼“潜规则”，而是在你面试前必须了解和知道的一些行业规则，跟前不久正在放映的电视剧《结婚前规则》里的关键词一个意思。有人的地方，就一定要有规则的约束，规则下的互联网每天都会诞生各种奇葩的事情来供大家谈论，这些事情里面就蕴含着你必须要知道的规则。

特别是对那些临近毕业或者毕业很久都没有拿到Offer的毕业生来讲，这些前规则非常重要。

1. 任何互联网公司都缺人，证明实力争取机会

第一个前规则，任何互联网公司都缺人，你要做的只是证明自己的实力，争取入职的机会。

很多想入行的朋友都会遇到这样的问题：

特别钟爱某家互联网公司，也许是对它的产品情有独钟，也许是为其倡导的文化所倾倒。总之从规划自己职业生涯的那一刻开始，这些人就在不断有意识地培养自己各方面的能力，以期毕业之后能进入这家公司工作。一直留意这家公司的官网还有社交媒体上的招聘信息，但始终没有等到适合自己的职位。这种行为就像暗恋心仪的女生一样，始终在背后默默地等待，从来没有想过要主动去追求。只觉得“她”能看上的都是“技术”类的专业人才，而自己这种没技术背景又非互联网相关专业的某丝很难逆袭，所以一直呈心仪观望状，这样的人注定孤单终生。同样让人痛心的是，大部分优秀的互联网公司苦于外界误解其“不乏优秀人才”、“门槛太高”而一直在为招人发愁。

信息不对等导致了这种难以匹配的“悲剧”发生。在这里负责任地告诉那些心仪互联网行业的同学，这种担忧其实完全没有必要。互联网这个行业不缺钱、不缺前景，它从来缺的都是人，确切一点说，它缺的也许就是你这种人。

按照创新工场CEO李开复的说法，正在爆发的移动互联网市场的规模将15倍于PC互联网。从PC互联网时代就人才奇缺的年代过渡到移动互联网之后，互联网行业对人才的需求度一直呈几何指数增长。所以很多互联网公司其实都处于“一直在招人，从未停止过”的状态，如果一家互联网公司没有表现出对人才的渴求，只能说明它已经在走下坡路了，这样的公司不进也罢。

所以即使在你可见的渠道中没有找到你心仪公司的招聘信息，也不代表它们就向你关闭了大门。你唯一需要关注的问题就是你的简历以及你展现出来的能力能否引起它们的注意，值不值得它专门为你准备一个职位。所以只要你实力足够强，符合公司的预期，它是否正在招人这个因素根本就不应该成为你的顾虑。即便是当时没有适合你的职位，专门为优秀的你准备一个Offer对一家互联网公司来说完全有可能，虽然短时间内你创造的价值有限，但也好过你被竞争公司录用。所以你会发现很多互联网公司舍得花很大一笔钱去培养一些现在看来不太重要的产品经理和运营人员，因为他们未来会给公司创造很大的价值。

终极提醒：

假如你有自己理想中的目标公司，无论它招不招人，都不能成为你加入它的决定因素。你只要让自己变得更加优秀，让自己处于最佳状态，接下来 Offer 才有可能源源不断地来找你。这是你找工作前需要知道的第一个前规则。

2. 互联网公司基本无简历、性别、年龄、学历歧视

之前在知乎上看到讨论得很火的一个话题，到底该不该用 163 或 QQ 邮箱去发简历？我们不排除有面试官会不专业到把个人偏见带到简历筛选过程中——计较你用的是不是他们公司开发的邮箱。但是，大部分面试官还是会尊重你选择不同邮箱产品的自由。而且在互联网这个行业大家工作都如此地忙，没有时间去深究面试者的简历到底是用什么邮箱发来的，他们只会点开你的简历从前往后看，寻找你有哪些经历是跟招聘职位匹配的，哪些能力是可以胜任这个职位的，又有什么不足会为团队带来潜在的风险，就这么简单。

面试官工作量都很大，HR 每天看的简历基本都在百份以上，校招期间这个数量会翻上百倍。所以，即使面试官的目光停留在你的邮箱上面，他思考的问题也会是，为什么这个面试者会弃用 Gmail 这类体验极好的邮箱产品而选择其他邮箱产品，这些邮箱产品跟 Gmail 相比做了什么样的改进，推广上有什么新的玩法吸引到了这批用户，而用户在选择邮箱服务时

的关注点又是什么，这些产品有哪些点是他可以借鉴的。这才是大部分互联网面试官具备的素质。简历的内容远比简历的命名、发送邮箱更为重要。

此外，很多面试者会忐忑自己不是名校毕业的，不是“985”、不是“211”，甚至都没有本科学历，于是对心目中高大上的互联网公司望而却步，这类人与其说是怕遭受歧视不如说是不自信。名校、高学历与之相伴的视野、见闻会给他们加分很多，但这不代表普通高校学生没有自己的亮点。海归、研究生的阅历和视野，本科生的冲劲和激情，专科生的玩法和路子都是促进一款互联网产品流行必不可少的元素。所以，求职前请忽略那些名校的成功人士案例，也不要太过崇拜那些没有学历却能在互联网上混得风生水起的大佬，请把更多的注意力放在自己身上，让自己在最短的时间内有最大的提升，这样你才能成为别人口中的模板。通过学习经历所获取的能力远比学历要重要，是你为学校代言还是学校为你加分，本身就是两种不同境界的人思考的问题。

所以千万别有被害妄想症，互联网公司基本没有简历、性别、年龄、学历等歧视。尤其是那些临近毕业还没有拿到Offer的同学，可能会因情绪焦躁而胡思乱想：觉得公司没有录用自己可能是因为发简历的邮箱是其他公司的产品，或者因为自己的性别，再不然就是因为自己非名校毕业生……其实这些歧视都不存在。即使面试官跟你聊天的时候用非常委婉的方式提及你简历当中的一些小瑕疵，那也不是他拒录你的全部原因。

终极提醒：

每个人在面试官面前都会有一张综合评定表，性别、年龄、学历、邮箱等这样的小细节所占权重微乎其微。所以果断放弃对这些既定事实如性别、学历的质疑和纠结，不断去了解互联网这个行业，积攒行业中你感兴趣的职位所需的能力，从而找到欣赏自己的互联网公司才是你该做的。

3. 工作经验只是噱头，如果能力够强请自动忽略

很多应届毕业生看到招聘网站上的 JD（职位描述）中写着需要若干年的工作经验，就自动把自己屏蔽在这个职位之外了，哪怕这个职位是你心仪的职位，哪怕你的能力跟职位描述的要求完全相符。那就大错特错了！

职位描述本身就是一个最优的组合，理想很丰满，但是现实往往不如人意，工作经验只是条件之一，而且往往不是必要条件。

首先，设定职位描述的面试官是这样想的，加上工作经验的限制其实是增加了一个简历筛选项，避免收到过多与要求不符的简历，HR 的工作量也就降低了很多。至于是否会因此把一群优秀的面试者挡在门外，也只是一个成本核算的问题。在效率至上的职场中，这样的损失概率大家还是可以接受的。但这对想找工作的你则不同，公司错失一个优秀人才所遭受的损失与你找不到一个好工作而遭受的损失相比，你的损失无疑更大。

其次，工作经验只是大部分行业职位的描述性必备项，而非实际工作技能必备项。演变到互联网行业当中，更多采用的是拿来主义，至于到底

是要求 3 年工作经验还是 5 年工作经验，很多时候并没有特别科学的根据。很多新设的互联网岗位如“新媒体运营”、“微博运营”、“微信运营专员”等都是这几年新出现的岗位，而且因为发展速度快，这类职位大部分的经验是跟不上实际要求的，所以所谓的工作经验在这类岗位的招聘要求中并不实用。

终极提醒：

对于自己能胜任的职位，即使存在工作经验不匹配的情况，也不要太过纠结。简历照样投，毕竟写一个邮件的成本很低，即使你没有得到面试的机会，你也做了尝试，这是一件特别有正能量的事情。工作经验只是一个噱头，如果你的能力够强请自动忽略。

4. 面试官没有你想得那么牛

很多应届毕业生在面试过程中因为心理素质不够强而过度紧张，导致自己发挥失常，和向往的职位失之交臂。更有的同学因为“极度”紧张，连面试都不敢去就撤退了。本来学历、能力条件都不错，但就是因为不自信一次次错过机会。紧张是正常的，面对未知谁都会紧张，你可以尽量多花时间做好准备、提前到达面试地点适应陌生的环境，诸如此类的小技巧只要能让你觉得轻松都可以试一试。

同时，你也要意识到一个问题，紧张源于面试时的不确定性，而所有的不确定性和未知因素都是面试官抛过来的，假定面试官就是一个比你高两届的学长，你的心情会不会瞬间变好，紧张的情绪会不会瞬间消失？不要不相信，在互联网行业完全有这种可能。所以你需要明白的第四个前规则是面试官远没有你想得那么厉害，尤其是他的识人之术。

百度CEO李彦宏2011年在南开大学演讲时提到，百度员工的平均年龄只有 26 岁。时隔三年，百度员工的平均年龄依旧只有 26 岁，因为一个人的创造力高峰是在 30 岁以前，一个公司的进步也源于年轻人的推动。而 PayScale 的调查数据显示，Facebook 的员工平均年龄同样为 26 岁。大家可以回想一下参与校招面试时的场景，面试你的面试官们是一个什么样的状态：从年龄看，他们大部分都在 26 岁左右，平均工作经验在三年左右；他们的兴趣点在如何打造一款亿级产品，而不是忙于勾心斗角的内部争斗；他们对人的评价远没有达到人生观世界观价值观这样的层级，更多的时候仅限于你是否是一个有能力有热情，能跟他一起为一款产品打拼的战友。所以面试你的人完全有可能是比你高两届的年轻学长。

另外一组数据可能会让你更开心，互联网公司的面试官除人力资源部门外 80% 都是非专业人士，基本没有接受过面试流程的培训。在互联网公司面试的时候你会发现几乎没有人穿西装去，面试官无论从职业素养还是年龄层面上都比较偏“嫩”。另外或许仅有 12% 的面试官接受过完整的面试流程培训，而且是在发着微博、刷着朋友圈、刷着手游接受培训的，他们不屑于从既定的流程中去评价一个人。所以，面对他们，你只要能够清晰地梳理自己对产品的认知就足够了。

此外还要注意的是，你在面试时遇到的面试官尤其是一面的面试官，通常都可能是你未来的直属领导，大多只比你高两届。如果你是研究生毕业，那你的面试官很可能跟你同龄甚至比你的年龄还小。还有一个让你感到轻松的可能，你有相当高的几率遇到一个此生第一次担当面试官的人——他可能比你还紧张，因为他也不知道问什么问题才能够更好地了解你的能力，甚至也为此纠结了好长时间，做了很多功课才能来应对面试。

终极提醒：

面试没什么好紧张的，以一颗平常心平等自信地跟面试官交流即可。当你在担心下一个问题会不会很难回答的时候，他也许同样担心他提的下一个问题是否够酷，是否能体现他作为面试官的水准，会不会被你贴到知乎或者微博去吐槽。

5. 所有的收益都建立在能力之上

在“人际关系”已经成为敏感词的今天，互联网这个行业的竞争环境相对来说会单纯很多。

首先，互联网虽然是一个朝阳行业，但并不是一个站着就能轻松赚钱的行业，加班是避免不了的。对有关系的人而言，跟互联网行业的职位相比，他们可以有更好的选择。所以，这里没有那么多有关系的人想进来。

其次，就算是腾讯、阿里巴巴这些较早的互联网领军企业到现在也才发展15年，行业历史实在太短，而且大部分公司还处于发展中阶段，也不会考虑养闲人。

除此之外也不要指望校友关系，对已经在行业内就职的师兄师姐而言，你的出现无非是多了一个共同回忆母校的话题。因为校友如此多，他们根本就关照不过来，最后还是要凭面试中的表现跟自身的实力说话。你所有的业绩及收益都要建立在能力之上。之前王石在创新工场的一个分享当中提到了一个概念“弱关系时代”，未来中国就逐渐在往弱关系时代发展，而互联网公司基本已进入了“弱关系时代”，互联网公司很少有家族企业或者夫妻店，大部分都是偏西方化管理的公司，崇尚创新、激情、能力，本身就是以工作、能力、弱关系为依附点。

2013年，来自安徽理工大学信息安全专业的大四学生钱同学，因为找到了QQ浏览器的安全漏洞而获得腾讯邀约，目前在QQ浏览器部门实习。相比其他名校的毕业生，安徽理工大学信息安全专业在学校跟专业方面都不占优势，且腾讯此前只是偶尔在合肥举行校招，名额也非常有限，所以受到邀约的钱同学凭借的完全是自己的能力。很多名校毕业，有学长学姐在腾讯工作甚至担当校招面试官的同学也没有因此而得到特殊的照顾。

终极提醒：

只要你能力OK，不要去在意别人是否有关系，你只要有足够的信心去准备面试，拿到这个Offer就够了。因为在互联网行业，所有的机会、业绩及收益都建立在一个人的能力之上。

6. 不要把所有的希望都寄托在内推上

校园招聘前的内推也是各大互联网公司提前招揽优秀人才的一种方式，但是其光环也非常有限。内推仅仅意味着你有可能绕过笔试直接进入面试环节，与能否拿到 Offer 并没有直接的关系。因为刚刚提到过一点，所有的机会也都是建立在能力之上的。

内推的推荐人是需要承担一定责任的，他的推荐行为跟自己的职业信誉、靠谱程度、未来推荐的可信度紧密相关，所以真正有资格内推的人往往很谨慎，他要为你负责，更要为用人公司负责。

比如阿里巴巴在 2014 年 8 月 18 日（杭州）与 8 月 18 ~ 19 日（北京）举办的 2015 届校招提前面试，都是通过对内推的简历进行筛选后进入面试环节的。阿里巴巴的员工会在学弟学妹中征集有潜力的学生进行推荐，推荐的标准有两点，大学时至少有过互联网实习经历且有优异表现；在大学中做出过有影响力的项目。内推的本质不是安排两次面试，也不意味着就能拿到终极 Offer，内推只是提前把优秀的毕业生吸纳过来。所以，即使有的简历上写着在大学期间做过的某个项目已经收获数十万用户，也会因为其他原因在阿里巴巴提前校招的简历筛选中挂掉。

但是，也有很多为了获得公司内部伯乐奖，或者打着内推的幌子收集简历的人充斥在各种就业论坛或者QQ群当中。他们的允诺只是从利己的角度出发，为自己谋求利益最大化，如果你信以为真，把所有的希望都寄托在内推上面而放弃正规的校招渠道，往往是得不偿失的。

校招如火如荼举行的时候，求职者经常会在各论坛上看到有腾讯内推帖子的介绍，没有任何要求，加群就可以得到内推，直接免笔试。这本身就有很多漏洞，如果没有标准就免笔试，为什么还要设置笔试这个环节？腾讯的员工应该很忙，工作量相当饱和，在论坛上发帖子去征集内推的简历对他们有什么好处？征集简历留腾讯的工作邮箱即可，为什么还要加QQ群？中间的矛盾点实在太多，但是有很多人就完全把希望寄托在内推上，等到发现哪里不对劲的时候，校招也已经结束了。

终极提醒：

不要把所有的希望都寄托在内推上。试着从内推者的角度考虑他们为什么要内推，再试着从自己的角度出发提醒自己，拿到好的工作往往没有任何捷径，不断让自己变得优秀，一切才会随之而来。

7. HR 提的任何问题都不希望得到答案

接下来这个问题可能是大家都不太相信的，那就是 HR 提出的任何问题都不希望得到答案。可能大家觉得，面试对于面试官来说就是问问题、对于面试者而言就是回答问题，怎么可能面试官提出的问题不需要得到答案呢?

在互联网行业，人力资源是一个特别繁重的工作，从薪酬体系到团队激励，从员工培训到人员招聘都要涉及，所以导致大部分 HR 对技术、产品、运营的理解仅仅停留在理念层面。毕竟他们的本职工作是招到人来解决这方面的问题，而不是亲自上阵改代码修 Bug。HR 只需要判断你这个人是否适合这家公司就行了，比如你跟团队的契合能力，你的学习能力，能否在团队中传递正能量等，他设计所有问题的出发点都为了判别你这些方面的能力。所以对 HR 来说，一个简单的答案远远没有你回答问题的过程重要，因为你回答问题的过程可以让 HR 对你的工作和生活进行最大限度的复原，从而判定你跟公司是否匹配。在面试中，HR 提到的每一个问题都希望面试者能把自己的能力展现出来，而非单纯要一个结果。

比如谷歌令人疯狂的面试题“一辆校车能装多少个高尔夫球？”“如果让你清洗西雅图市所有的窗户，你会对此索价多少？”面试官在提这类发散性的问题时，肯定不是希望得到一个具体数字的答案，因为他自己也不知道。他只是希望你能给出一个能够自圆其说的方案。

能力之外的吻合度也很重要，能力既跟智商有关又与情商有关。公司在招聘时都希望招一个能力和情商都特别高的人，他能跟上司的性格相匹配，又能跟团队很好地配合，依附于团队他的价值才能最大化。尤其是新进的员工更需如此，更要抱团来创造价值。所以HR特别在意你跟你的同事、你现在表现出来的性格特点跟整个团队的吻合度有多高，你是否会对这个团队忠诚，至少工作一到两年，让HR培养你的精力不被浪费。并且你不能在团队中传递负能量影响其他人的工作。所以只要你的性格OK，没有怪癖就基本可以。

终极提醒：

这也是比较常见的一个前规则，除了看能力之外，HR也会让你未来的同事观察你在面试中的表现，让他们给出自己的参考意见。很常见的一种情况就是你到一个公司去面试，刚进公司的一刻大家的目光都会聚焦在你的身上。你能否留在这个公司，你未来的同事也会起到很大的作用。你与团队的契合度也是 HR 面试官、直属领导考虑的一个问题。比如你的信仰与喜好跟团队成员的意愿都相违背，即使能力再强恐怕也没有办法很好地融入到整个团队当中。

8. 公司拒录你的原因千奇百怪

最后一点是公司录用你或者拒录你的原因你永远意想不到。尤其是在校招的时候，因为你没有实际的产品或者运营的工作经验，面试官也很难对你的能力进行一个客观的评判，尤其是产品经理这个职位，基本上只能跟着感觉走。

除了少数在大学期间就已设计出拥有上百万用户产品的超级人才外，大部分面试者的能力都在同一个起跑线上。大学四年，同样参加社团，同样上课，同样热爱互联网，同样没有工作经验。在这个圈子的选择中，公司录用你，可能是你的身高很高，他们想着在以后的公司篮球赛中你会帮助团队取得更好的成绩；也可能是你个人形象很好，有助于提升公司和团队的形象。拒绝录用你，或者只是因为你的星座不对，而面试者恰巧又特别相信星座和性格之说；也有可能整个团队中都是男生，他们这次想招一个女生，而你恰巧是男生而已。

我一个朋友在一家知名的互联网公司担任人力资源经理，有一次在招用户运营这个岗位时，三个候选人进入了终面，且能力都相差无几。正在难以抉择时，我朋友突然想起，公司组织的足球友谊赛中，他们部门的成绩经常排倒数，而其中一个候选者恰好在高中和大学期间都是校队的，于是果断录取了此人。

终极提醒：

在其他能力相差无几时，一些小的决定因子往往是你意想不到的。所以不要在每一场面试之后纠结为什么公司不录取你，这没有意义。因为这也许不是你能力的问题，一些小的因素是你完全没有办法左右的。所以不要因为没有进一个公司而沮丧，因为公司没办法保证面试官的每一个决定都是正确的，不然，也不会有如此多的互联网公司都创业失败了。

这些前规则说到底还是心态的问题，只要你足够乐观，这些前规则都可以凭借你的能力得到解决。

9. 看别人的“面试经”要适可而止

收集别人的“面试经验”是面试前必备的功课之一，但是面试互联网公司则要适可而止，否则很容易走火入魔。

比如“福特跟几个比他学历高的人一起去面试，在走进董事长办公室时，他发现门口地上有一张纸，福特弯腰捡了起来，然后就被录用了”、“某美院在招聘期间让应聘者先吃点水果休息放松一下，结果两个应聘者因为没有吃水果而与工作失之交臂”。

遇到这样的面试经验一笑了之即可。能否注意到这些细节本身就是一个人的性格驱使的，不管这些问题设置得是否合理，假如你因为没有本能地去规避这些问题而被拉黑了，也代表你跟他们不合适，强扭的瓜不甜，即使勉强被录取了，你以后的日子也不会好过。

如果哪家互联网公司的人力资源已经闲到需要用这种细节去判断一个

人的时候，你还应该庆幸没有被他们录取。互联网公司是要招一个真实的人，人都有两面性，借鉴这些“面试经”把自己伪装成圣人，也没有公司敢录用你。在互联网行业，也不会出现这样奇葩的面试场景，所以珍爱自己，远离那些文摘故事。

终极提醒：

对于论坛里的面试经，汲取对自己有帮助的经验即可。比如虽然都是非技术类的岗位，做微博的内容运营与做博客的内容运营所需要的能力点就不同，面试的流程也会有很多差异。所以面试经不是全部，把有限的准备时间合理分配到不同的环节中，才能提高拿到 Offer 的几率。

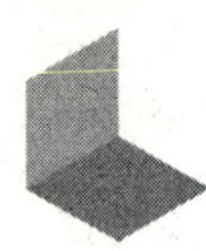

Chapter 2　如何打造具有互联网特色的简历

互联网特色的简历是相对传统行业的简历衍生出来的一个概念。在传统行业求职过程中，思想正确、专业成绩优良会是重中之重，而在互联网行业面试中，这些似乎已经不能成为亮点了，极端一点的公司还会把这些列为减分项。同时，应聘互联网行业的求职者众多，尤其是校园招聘阶段，面试官花在一份简历上的平均时间不超过30秒，看惯微博、刷惯微信的人也就这点儿耐心了。这些HR在筛选简历的时候特别注重一些关键词，尤其是跟互联网职位相关的，如果没有基本会被Pass。哪些关键词才能组成一个具有互联网特色的简历呢？一起分享一下。

1. 什么是互联网特色的简历

按照产品的思维讲，求职的过程就是把自己包装成一个满足目标公司需求的产品，让自己成为一款用户竞相追逐的产品，让各家公司的面试官都能成为你的忠实用户。假如产品足够好，如大一创办校园订餐网站；大二获得风投把订餐业务推广到了“北上广深”实现 10 亿元销售额；大三把公司卖给了一家知名企业，之后写了一本书，同时环游世界寻找人生真谛。

这样优秀的产品运营自不在话下，仅凭借口碑，给你发 Offer 的公司排着队就能绕中关村 100 圈。

但是大部分人的经历都没有这般耀眼，只有在简历本身及简历投递上进行雕琢，用一份具备互联网特色的简历让自己至少不输在起跑线上。那什么是互联网特色的简历？在互联网行业的面试中，面试官关注的并非是你的考试能力和专业成绩，他们更看中的是你的思维、沟通、产品敏感度、数据敏感度、执行力、内驱力、对互联网的熟悉及热爱程度，这些元素有机结合起来的简历就是具有互联网特色的简历。

（1）沟通能力

把“擅长沟通”这个词写在简历中，只能证明你是一个不擅沟通的人。沟通的本质是传递和反馈信息，而简历上的每一个字都在反馈你的能力、传递你想透露的信息，所以你通过“擅长沟通”这个词去反馈自己具备沟通能力本身就是一个败笔。

互联网非技术类的所有职位都是以沟通为基础的。作为产品经理，你要不断地与你的老板沟通以寻求其在战略层的支持；与技术沟通以推进产品的迭代速度；与设计沟通让设计师能实现你的意图；与运营沟通讨论费用最低效率最高的推广方式；跟用户沟通了解他们在使用产品过程中有哪些不爽的点……沟通方式除了会议、电话外，邮件、短信、回帖各种文档也会占很大比重，如果在简历中都不能做到简明扼要张弛有度地去叙述你的能力，那就撤吧。

如何在简历当中体现出自己具有极强的沟通能力？

以面试官能理解的方式来组织简历。在做产品推介时，最忌讳的就是不断向普通用户拽专业术语，所以要站在用户——面试官的角度以其能听懂的方式进行叙述。

简明扼要。很多应聘者最怕的就是简明扼要这个词，因为本身除了个人信息外感觉都没什么可写的，还要简明扼要到什么程度？但是，信息量多少跟简明扼要是没有关系的，反思一下你在写简历的过程中，越是没有什么可写的，无用的信息就会越多，比如在学历描述中止于最高学历基本就 OK，研究生当然可以提本科，但是你把高中的学历也呈现出来意义似乎不大，而且本科修的专业课，除了心理、统计、市场营销外其余的专业与互联网非技术类的职位联系不大，这样写肯定算不上简明扼要。

控制简历节奏。简历还需要节奏么？当然。简历的节奏非常重要，一般情况下我们会按照个人信息、教育信息、实习情况、个人奖励这样的逻辑来整理我们的简历，但要让简历有节奏这还远远不够。面试官看简历跟平时浏览网页的习惯相差无已，所以他在你的简历上留下的视觉痕迹也可以借鉴尼尔森的“F 视觉模型”：首先是水平移动，看的是基本信息，紧接着眼光略微下移，很典型地扫描范围较短的区域，主要是你实习的大概情况，然后对整个简历的标题进行垂直扫描，这样就画了 F 字母中的一条竖线。简历的节奏就要根据这个视频模型进行整理。

（2）协调能力

协调能力是化解技术产品矛盾的能力，是聚运营分力为合力的能力，是变团队消极因素为积极因素的能力，是动员、组织、充分调动用户积极性的能力。“协调能力”其实也是一种软技能。

学生会、社团的经历是大学生活中不可或缺的一部分，也是磨练协调能力的一种途径，所以在简历中的展现也相当重要。那如何用社团及学生会的经历来体现自己的协调能力？只需在简历中表现你组织的、参与最多且最能代表你能力的活动：

首先需要清晰这个活动的目标，你组织这场活动的出发点是什么？很多人的答案是“为了学习跟锻炼”这种没有任何营养的废话。继续深挖，你会发现，你其实是想通过组织活动接触更多的女生找女朋友；或者通过组织这样的活动争取入党的机会；或者为了丰富经历让毕业简历有更多内容以更好地求职，甚至单纯地爱好这件事都可以——暴露自己内心的小九九成为一个更真实的人，也是有互联网特色简历的一个亮点。接下来可讲述自己如何挖掘更多目标相同的人，把战斗力最强的人聚集在一起，通过严密的计划、规则激励让大家奔向目标。同时善于化解矛盾、提高士气、让更多的人有参与感，也是协调能力好的表现。简历中的活动描述一定要有制度、有个性、有步骤、有奖惩、有方向。

协调其实是一种自我意识，跟组织和参与的活动规模无关，哪怕是植树节这种每年必备的活动，你也可以融入自己的想法，让活动变得有声有色，而且能从中吸取东西。

（3）数据能力

数据往往比文字更有说服力，它不仅能言简意赅地表述你在项目中的价值，同时也能加深简历的可信度。特别是对产品经理及运营人员而言，他们每天都会花大量的时间跟数据打交道，上至整个行业的数据如网民增长数量、移动端增长数、iOS及安卓的市场份额，下至整个细分行业的数据如某个细分产业的市场份额分布、竞争产品的用户活跃数、自己产品的激活量、注册用户数、注册成功率、活跃用户数（天）、每种功能点击数（每用户）、页面停留时间等数据他们都要了如指掌。对这些数据，产品经理及运营人员不仅要有意识地去记住，同时也要有意识地对其进行信息量化，让这些数据能有效地指导整个产品的迭代以及选择推广渠道，以展示自己对数据的敏感度。

所以简历上面能用数据展示的地方尽量选择数据，同时也要会做一些简单的数据分析，如占比、数据趋势及对比分析。

简历中如果有在校期间运营基于学校的微信账号，那对于粉丝量的描述只是单纯地写上 2 000 人肯定效果不佳，如果你能通过数据的简单对比展现出这 2 000 人的账号到底效果如何，就能立刻与众不同。首先，给微信账号加一个细分的定位，如微信账号主要针对大四学生，给他们提供求职攻略以及校园招聘的相关信息，2 000 人的粉丝中大四学生占到 50% 以上，排除出国留学、考研、考公务员的学生，整个占比可以达到 70%。通过一个占比数据能反馈你在目标市场中的占有率，2 000 个粉丝结合 70% 的占有率，整个简历的含金量就会迅速提升。

同时，你肯定还会描述打开率、分享、转发这些数据。假设你的打开率是“40%”，略高于整个行业的水平，虽然也能成为亮点，但是还远远不能反映你的数据意识，你需要加上打开率的变化数据以及简要的原因分析。比如通过测试推送时间，优化推送内容后打开率从3个月前的10%提升到现在的40%，每个月打开率平均较上个月提升了10%。有了数据趋势的描述，面试官对你简历的兴趣着实会增加不少。

所以，同样是数据，呈现方式不同对面试官的吸引力就不同，虽然只是简单的数据处理，却能让面试官给你打上一个数据敏感的标签，同时这也能让你的成绩更好地展现在简历上，何乐而不为？

（4）营销推广能力

不论是已经远去的微博营销还是时下流行的粉丝经济、微信营销，甚至是我们常讲的互联网思维也有一半是指传统企业如何让产品具备营销基因，同时借助互联网的渠道和营销方式来提升销售额。可见互联网对营销推广的需求有多高。所以营销推广也是进入互联网公司必备的基本能力之一。

那如何在简历中体现我们的营销推广能力？

如果你在大学期间就开始做产品或者是参与了一些创业的项目，自然少不了推广这一环节，而且通过长期的积累会形成自己在获取用户方面的经验。把这个过程用上面的数据描述以及营销方式进行总结，并跟网上的经验分享做一个结合，肯定会成为简历的一大亮点。

如果你主动去运营微博、微信账号甚至是QQ群，那么恭喜你，你也会有一手推广经验，回想一下整个推广历程，把所有推广过程中的关键数据整理出来，并配合当时的推广方式一起梳理：如什么样的微博有助于用户转发，什么样的话题有助于更好的评论互动，什么样的玩法可以促进粉丝量的增长……最重要的是除了这样的表象指标以外，你还需设定最初的转化目标，并计划出最终的转化效果，这样才算是一个完整的营销流程。

如果你既没有项目经验也没有运营的经历，那也没有关系，只要你用过互联网产品，在QQ空间、人人网中写文章，或者在微博、朋友圈发美图，都是形成内容的过程，内容是营销的基础。想一下，你的个人微博被转发最多的是什么，微信号被点赞最多的是什么，QQ空间中被阅读次数最多的是什么内容。然后分析这些内容为什么会引起关注，复制出具有同等效果的内容就是营销能力的体现。如果你想自己的微博有更多人转发，可以尝试把微博放在QQ群当中，并拜托一些朋友去转发。然后你发现，转发你微博的一个同学因为在学校有一定的影响力而带来了更多转发，之后你想传播同样内容的时候，就会重点去联系这些能带来更多转发的朋友。为了不给这些有影响力的人造成困扰，你会研究他们平常转发内容的共性是什么，转发时间是否有规律。然后你会自然地把内容风格改为跟他们相匹配的，也会尽量在他们常转微博的时间点@他们，然后你可以给自己的微博好友做一个划分，针对不同好友做出不同的内容节点，让你的微博开始广泛传播。

既有资源的梳理，也有借势营销的玩法，这就是一个很宝贵的微博运营经验。

营销是一个备受追捧的词，所以营销本身的玩法一直在不断演进，甚至你会听到“微博这种传统营销渠道”这样的评论——近两年才流行起来的微博营销没多久就被称为传统渠道，可见时代发展之快。每一个平台级产品的诞生都会创造出一种新的营销玩法，但是不流行不代表没有价值。即使有人称微博为传统的营销渠道，称人人网马上就要破产了，说QQ空间只有00后才玩，但这些产品真正蕴含的流量价值，只有做过的人才知道。所以即便你只熟悉人人跟QQ空间这两个平台也没有关系，互联网公司中的微博/微信运营专员对微博微信的玩法都有自己的心得，但是聊到QQ空间和人人网等其他营销渠道的时候，就未必那么专业。所以把你玩人人网的心得结合其他人分享的经验，完全可以把自己塑造成一个营销专家。

微博、微信时下比较热门，基于它们之上的营销玩法面试官基本还是有一些了解的。你在简历上跟面试官大谈微博、微信运营很容易露出破绽，而且同质化也会很严重。相反，反其道而行，你在阐述QQ空间、人人网的推广特性时，风险相对较小，而且这也可以作为一个亮点引起面试官的注意。

不论时下流行的是什么营销方式，其本质都不会变，就是为公司创造价值，比如像小米等营销做得很好的公司，已经在专门招聘 QQ 空间、人人网上面的运营专员。无论你熟悉什么平台，深究下去，就能研究出一套适合你自己的营销理论。

（5）创新能力

创新一直是互联网企业发展最重要的引擎，但提到创新，很多人都觉得只有拿到专利或者发过论文才算得上创新，也才好意思写在简历上。但类似这样的颠覆式创新是可遇不可求的，在 IT 史甚至是整个人类发展史上有且仅有那么几次。对于颠覆式创新可以梦想，可以祷告，但是不可以预测。

在互联网公司更适合的是微创新，比如周鸿祎在微博中也聊到过，别忙着颠覆式创新，它不是揭竿而起，更不是聚众闹事，没那么宏大。把行业巨头做的产品看一看，收费的能不能变免费，贵的能不能变便宜，复杂的能不能变简单，麻烦的能不能变方便。从这些微创新起步，才有可能实现颠覆式创新。

而这样的微创新在我们的生活中简直太多了，比如你觉得社团报名流程太烦琐，自己做一个网页征集报名信息；或者在恋爱过程中想方设法带给对方一个惊喜，这些小的改变都是微创新。

我之前面试过一个女生，她跟她的男朋友是异地恋。为了给男朋友一个生日惊喜，她从武汉骑自行车一直到西安，途经每一个小镇都盖一个当地的邮戳，在她男朋友生日当天抵达西安。她把旅途中的照片打印出来粘贴在笔记本上，加上每页的当地邮戳，形成一个独特的绘本做为一个特殊的生日礼物送给男朋友。普通的异地恋，在生日时也许会电话祝福，再进一步会突然带着礼物出现在你面前。而这个小姑娘颠覆了异地恋生日的过法，直接给她的“目标用户”以心灵跟身体的冲击，极大地提高了“用户”的忠诚度跟活跃度，其实这就是一个很好的创新点，也可以成为一个好的营销素材扩大宣传。

终极提醒：

创新能力源于生活的点滴，生活的点滴也最能反映一个人的本质和能力，假如你的生活也充满了不一样的点，把它总结一下，也许就能很好地反馈出一个真实有创新力的你。

除了以上介绍的五个基本点外，强大的知识储备、对互联网热点和产品的敏感度、热衷尝试新事物、有自己的判断能力、独特的审美眼光都是互联网特色简历需要体现的东西，要根据自己的经历还有面试的职位进行加工筛选，才能更好地构建属于你的互联网特色简历。

2. 如何打造具有互联网特色的简历

简历是一张个人名片，一张互联网特色的名片可以让你赢在面试的起跑线上，那如何快速打造这张名片呢？

（1）梳理所有过往的经历

简历是个人经历的集锦，是过去经验的总结。兵马未动，粮草先行，要写出具有互联网特色的简历，第一步肯定要先梳理出所有的过往经历，并列上标签，最好用 Excel 做，这样更便于处理。

以现在为基准点，如果有日记配合或者你习惯把所有经历放在微博、朋友圈、人人网、QQ 空间更好，逐条回放有助于回忆。

1）工作、实习、兼职经历

列举所有的工作、实习、兼职经历，包括实习时间、公司业务及愿景、团队架构跟目标、个人工作重点、岗位所需核心能力、考核方式、工作业绩、所学经验、工作当中暴露出来的问题及个人喜爱程度。

2）组织或参与过的所有活动

列举所有组织并参与过的活动，如学生会、社团的活动，志愿者、夏令营活动，回想一下为什么参加这些活动，在这些活动中自己的实际贡献有哪些，实际获得的能力有哪些，如果再让你组织一次，有哪些可以改进的地方。

3）获得过的奖项、证书

从三好学生到优秀社团干部，从奥赛到奖学金，从计算机四级到英语六级，先全部罗列出来，再简要写明每个证书获得的缘由及含金量。

4）旅游过的所有城市

列举所有你去过的城市，攻略是如何制作的，乘坐的交通工具及不同体验，所花费用及费用的构成情况，每个城市的风土人情特色，旅途中接触过最典型的人。

5）注册过的所有互联网产品和玩过的游戏

列举自己常用的互联网产品，注册的时间、好友数、使用频率、在周围朋友当中的普及率、第一次接触产品的时间及原因、朋友之间推荐最多的产品或游戏有哪些、为什么会推荐、这些产品最吸引你的点是什么、解决了你的什么问题等。

6）所有印象深刻的事情

所有让你印象深刻的事情，比如恋爱，你是如何鼓起勇气表白的；比如失恋，又是如何从失恋中的阴影当中走出来的；其他你觉得印象深刻的事情及原因。

7）兴趣爱好

列举自己的兴趣爱好，坚持的时间以及它们带给你的思考。

8）整理网上所有关于你的素材

整理网上所有关于你的素材，与你相关的媒体报道、微博中的金句、视频网站上的自制视频、通用 ID 的各种论坛发言、包含有手机 / 微信 / 邮箱等的帖子。

按照以上思路梳理所有过往的经历，一份个人自传已经完成，而这些细节将可能是面试过程中被反复讨论和问及的点。

（2）需求分析之同理心

产品经理常挂在嘴边的一个词叫需求分析，写简历也需要用到需求分析，而这个需求分析过程利用你的同理心就可以完成，设想一下你是互联网公司负责筛选简历的面试官，你会删掉什么样的简历，又会留下什么样的简历？

A 简历，沟通、协调、创新能力都有，但只是面试者对自己的定义性评价，数据是简单的罗列，营销能力似乎也看不出来。你作为面试官努力寻找其中的亮点，无奈实在给不出一个让你面试他的理由，于是不到 20 秒此简历就被你关掉了。

B简历，实习经历蛮不错，中间也不乏数据、营销相关的技能点，初步符合预期。仔细看一下，又觉得不对劲，整个简历似乎跟互联网不靠边。于是你在30秒的时候关掉了这封简历。

C简历，各方面都不错，这个简历的职位预期本来是产品运营，但是应聘者表示转到产品经理那边去也不错，或者直接去做销售也可以，于是你在第45秒的时候关闭了简历。

D简历，勉强不错，出于负责任的态度，你想试一下，于是下载到本地，准备打印出来并发给领导及面试官，但下载完了之后简历却淹没在你的文件夹当中了，你试着用名字、岗位在本地进行搜索，都没有找到。重新下载时，你发现该附件命名为“个人简历”。于是你按下“Delete”键把它删除了。

终极提醒：

以上情景都是真实的曾经，除了1%的大牛因为能力过于突出，即使他的简历让人感觉很烦琐却也能通过筛选，其他99%的人都需要真枪实弹地通过这些筛选流程。

3. 用互联网思维重构靓点简历

我们知道了一份具备互联网特色简历的基本要素，也知道了 HR 筛选简历的标准，并且有足够多的过往经历可以放在简历当中，那如何用互联网思维去组织一份简历呢?

首先从转行的角度来说，假设你在传统行业任职，现在想转到互联网公司工作，虽然行业不一样，但是工作上面的技能点完全可以重合，只是看你在简历当中如何表现出来。

比如下面这份简历：

2013 年 6 月至 2014 年 6 月　　在某公司负责游艇销售

A. 工作期间共计售出游艇 3 台，其中在“某某盛筵”期间卖出两台；独创登艇体验收费活动，为公司盈利 50 万元；可提供独特设计且只卖给公众形象良好的高端人士；

这是在传统公司做销售职位的一份简历，面试官大概扫了10秒，感觉工作倒是很高端，但工作经历跟互联网没有任何搭界的地方，而且也没有看到有什么独特能力符合互联网公司的工作预期，于是Pass。

但是如果用互联网思维将这个简历互联网化，立刻就有不一样的感觉。

第一，共计销出游艇3台，在行业里面是什么水平，通过简单的对比甚至与整个国内游艇每年销售数量做一个对比，顿时会有高大上的感觉；

第二，与“某某盛筵”合作，某某盛筵很多人耳熟能详，那这里就要阐明一些东西。为什么要跟某某盛筵合作？因为可以定位精准的受众用户。你卖的是游艇，游艇是奢侈品当中的奢侈品，购买的人群有什么特性，这样的游艇目标用户跟参加某某盛筵的用户有极高的重合度。而这个用户定位的思路就是互联网行业在做产品或者是策划推广活动时所需要的营销思维。

第三，可提供独特设计且只卖给公众形象良好的高端人士，只接受预订，以营造稀缺感。这个可以跟小米的营销思维相结合，同时从用户角度出发，保证用户的尊贵感——只卖给高端且公众形象良好的人物，必要时会做背景调查。

独创登艇体验付费活动，也可以用互联网思维来写，比如活动期间设置一定费用的登艇门槛，过滤没有需求的用户、筛选潜在的用户，保证转化率。在做互联网营销活动时，也需要过滤垃圾流量，选出有价值的流量。

在没做筛选之前可能每天接待两百个用户，设定门槛之后每天仅接待十几个用户，让约 10% 的潜在用户充分体验了产品，且有 2% 的用户预定游艇，通过这样的数据可以向面试官反馈你的营销思维及总结能力。

2013 年 6 月至 2014 年 6 月　　　在某公司负责游艇销售

与“某某盛筵”合作精准定位受众用户，产品仅接受预定以营造稀缺感；提升用户体验及尊贵感——只卖给公众形象良好的高端人士且提供私人定制；期间设定 5 万元登艇门槛以筛选潜在用户，约 10% 的潜在用户充分体验了产品，且有 2% 的用户预定游艇，所销售游艇数占国内市场的 4%；

修改之后，会不会觉得这份简历已经有一些互联网的特色了。

4. 互联网特色简历的打磨要素

第一，过程比结果重要。你说为公司盈利了50万元，其实HR更想知道中间的过程如何；比如筛选潜在的用户、保证用户的尊贵感这样的出发点会让面试官对你的思路有更深的了解。

第二，总结过程比叙述过程更重要。比如你设定了登艇的门槛，可能你当初没有想到这可以筛选潜在的目标用户，你的出发点只是游艇体验一天只能接待10个用户，才需要设立一个门槛。所以总结过程比叙述过程更重要。

第三，用互联网人能看懂的方式来描述更重要。比如说营造稀缺感、保证用户的尊贵感、精准定位受众用户、筛选潜在客户，10%和2%的转换率这些数据基本上都是互联网人接触较多的概念和信息，这样会比普通的描述方式更有效。

第四，利用数据更好地体现你的价值。我们经常会看到简历中有数据的描述，但是缺乏对比就没有说服力。比如约10%的潜在用户可能比你写10位用户的效果更好，因为基数面试官不知道；卖出游艇两台，面试官不知道你在多少人中做过推广之后才卖出两台，所以2%更能体现出你的高转化率以及你自身的价值。简历其实是价值的体现，数据本身没有说服力，对比才是让其产生说服力的一种方法。

这里还有一份存在问题的简历，简单介绍一下。

2013.11 至今　　　　创立并经营明尼小黑鸭零食微店

在美国创办零食微店，利用社交平台（微信，微博）向在美华人销售小黑鸭产品。

在海外代购盛行的环境下，率先践行在美销售国内产品的思路。创建新品牌，从无到有开拓市场，并成功策划圣诞节、马年春节、情人节等营销活动，创造一天销售 1 200 美元的记录，在本地学校树立了很好的品牌形象，赢得了一定的市场。

A. 过程比结果重要：这份简历中写到利用社交平台（微信、微博）来做宣传推广，没有抓住过程比结果更重要的原则。如何用微信微博做推广？其中有哪些独特的经验和体会？比如说最简单的一点利用“附近的微博”查找附近使用微博的华人，通过这个来筛选用户，并且通过微博评论、转发进行沟通，或者定向跟他们发一些私信，从而让他们来了解产品的价值，把这些描写在简历中，面试官会真正了解到你是怎么利用社交平台的，比你单纯写利用社交平台这句话会好得多。

“代购”这个词也是一个结果导向的词，代购一款产品会涉及很多因素，你是如何在做代购品类筛选的？为什么你会选择小黑鸭这个品牌？有简要的描述可以反馈你的分析能力。另外新品牌建立有哪些独特的感受也很重要，创建一个新品牌，开拓市场是如何从无到有一步步走下来的。

B. 总结过程比叙述过程更重要：结果就是我们刚刚那个数据的对比。比如说做营销活动怎么才算成功？简历里提到策划圣诞节、马年春节、情人节营销活动，这些营销活动取得了什么样的价值需要有反馈。比如说创造了一天销售 1 200 美元的记录，面试官想知道的第一个问题是这 1 200 美元的日营业额在美国是一个什么样的水平。假如别人也开了一个零食微店，他能取得的记录是多少呢？是 2 400 美元还是 600 美元？如果没有对比，数字的效果就会大打折扣。简历中还提到在本地学校树立了很好的品牌形象，赢得了一定的市场。形象和市场不是靠说出来的，要看你怎么表现出来。这就需要融入我们之前提到过的互联网特色简历要素。

怎么把你做的事情与互联网工作结合起来，比如说你制订了一个策划案、申请场地、安排工作人员，这在每个互联网公司都会用到。比如产品发布会、媒体沟通会或者是用户活动，你怎么通过这样一个项目把自己包装成项目经理，然后去开展工作。项目经理完全可以替代你担任学生会主席的职位，把这些列成你的兼职经验去写，只要你能把互联网的感觉用到这个简历当中就行。活动当中如何充分调动了部员的积极性和凝聚力，怎样把影响力、品牌做起来，怎么才算有积极性和凝聚力或者是品牌影响力，过程如何非常重要。还是刚才那句话，不要简单地叙述结果，过程比结果重要，总结过程比叙述过程更重要。

5. 互联网特色的简历需要有针对性

按照互联网特色简历的打磨要素把所有的过往经历都梳理过一次之后，可在简历上面展示的东西就太多了。但是我们知道，简历的投递要跟目标公司及具体的岗位相结合。所以之前整理的所有经历并不是每一个都能用得上，你要依据不同公司、不同岗位挑选相匹配的内容进行排列组合，一份具备互联网特色的简历基本就完成了。

如果你投的是产品岗位，那品牌的构建、沟通协调领导力就是重中之中，所有能代表你产品思维的经历都需要，无关的内容无需做过多展现。

如果你投的是运营岗位，大学期间的活动策划，实习期间的推广营销就会是重点。

如果你投的是游戏策划，那就要突出你在游戏上的经历，比如接触游戏的时间、游戏组织当中担当的角色、精通多少种游戏、为游戏花了多少人民币、哪些游戏玩到了满级以表明自己对游戏的热爱。此外，游戏策划必备的关卡策划和数值策划的能力都需要在简历当中有所展现。

如果你面试的是阿里巴巴、京东的市场运营，那之前网上开店的经历就会为你加分很多。

终极提醒：

一份好的针对腾讯产品岗位的简历投到阿里巴巴的运营岗位肯定不适用，所以要克服惰性，为自己喜爱的岗位设计一份有针对性的简历才是对自己求职的最好交代。

6. 简历投递及数据回收

互联网简历的内容是大于形式的。如果你的技能点不在排版设计上面，用 PS 设计出来的简历效果比别人用 Word 排出来的效果还要差，那就不要把重点放在设计创新上面。而且大部分的互联网岗位都需要一定的审美眼光，偶尔还需要你用 PS 设计个活动页之类的，但这些都不是必备的技能点，如果你提前就通过简历暴露了你的审美眼光，只会负分走人，起不到任何加分的作用。注重简历的展现及设计是面试设计岗位必备的。

一款产品设计好了只是开始，通过推广不断收集用户的反馈进行迭代才能做出令大家满意的产品。互联网特色的简历也一样，首先，你可以把简历发给已经工作的学长或者同学老师，如果是 HR 更好。这相当于封闭内测，收集他们对你简历的反馈，进行二次修改。封闭内测的口碑相对不错之后，试着发给一些公司的 HR，简历投递就像邮件推广一样，如何提升简历的打开率、让面试官的眼睛在你的简历上停留更长时间，有效地吸引面试官进行电话回访获得面试机会，这是第二个阶段需要做的事情。邀请面试的概率增大之后，开始发给你特别中意的公司，在核心目标群中推广自己，用互联网特色的简历开启你的面试之路。

Chapter 3　互联网公司如此之多，你应该选哪一家

你没有办法决定自己是出生在北京还是在二三线城市，但是选择进什么样的公司，这个主动权完全在你手上。

假如你有清晰的目标而且实力够强，有绝对信心可以拿到钟爱公司的Offer，那你的选择过程就会异常轻松；假如你迫于找工作的压力，考虑的问题是甭管什么工作先拿到Offer再说，那也不需要艰难地选择。除此之外的第三种情况，都需要找准自己的定位，寻找一个让自己觉得舒服的公司。

1. 偏重事业还是偏重生活

事业跟生活本不是对立的，但是很少有人能在事业跟生活当中找到平衡点，尤其是刚毕业那会儿。所以首先明确你是爱生活多一点，还是爱事业多一点，这个属性决定了你会进入两种不同的公司。互联网行业基本每18个月会发生一轮翻天覆地的变化，依靠资本驱动和市场运作加上技术革新，不断颠覆与发展，从而创造神话。一将功成为万骨枯，用户增长、融资、扩大发展，伴随的都是从业者的贡献，所以基本上所有的互联网公司都伴随着压力，还有无休止的加班。

从自身的角度讲，互联网行业的知识更迭速度相比其他行业也是突飞猛进的，比如前几年还是重点的PC互联网转瞬间就让位给了移动互联网，包括现在正在流行的可穿戴设备，如果你不去研究了解，只会被行业所遗弃。比如具体到某个职位，十年前技术人员还在写C语言，现在就到了SWIFT；二十年间，诞生了不下200种编程语言；比如运营人员一年前还在玩微博与用户互动，一年后就跳到了微信平台。没准儿等你刚弄明白微信，又有一种新玩法出来了。

其次，跟传统行业相融合一直是一个趋势，不管你是做产品还是做运营，除了必备技能的学习外，还需要不断花时间去了解传统行业，这样才能更好地设计出与传统行业相融合的产品，同时更好地让用户接受。

所以在事业跟生活这两个选择面前，几乎没有选择，只有在过程中不断锻炼平衡生活跟事业的能力才可以。

2. 根据职位发展选择驱动型公司

第二个要考虑的问题是，你想锻炼自己哪方面的能力。产品、技术、运营的发展轨迹差别还是很大的，在不同文化背景的公司中，技术、产品、运营所占的地位也完全不同。去一家技术驱动或者是运营驱动的公司做产品未必是一个很好的选择，同样选择在技术、产品驱动的公司中做运营所学的东西也相当有限。

腾讯是典型的产品驱动型公司，而阿里巴巴则是运营驱动型公司，产品驱动和运营驱动的公司有一个很大的区别：前者以产品为导向，后者以业务为导向。虽然都是以商业利益为出发点，但是获得利益的起点不同。腾讯通过产品革新，源源不断地输出新的产品如 QQ、QQ 空间、微信等，用户可以很明显地感受你在互联网上所有的基础性服务，腾讯产品经理的主导地位加上基于 QQ 的庞大用户账号体系基本上弱化了运营的角色；而阿里巴巴这种运营驱动型的公司擅长公关及资源整合，用户会感觉到阿里巴巴不管推什么产品，首先听到的都是媒体的声音，而且是各家媒体同时发声，接着以现金补贴的方式来举办各种营销活动，来往、支付宝、快的无不如此。产品驱动型的公司是由产品经理牵头，负责整个产品的发展、KPI包括的业务指标。运营经理负责实施产品经理的计划。而业务驱动型的公司则由运营经理牵头，负责业务的发展和营收，产品经理只负责完成服务的功能规划和实现。所以不同驱动的公司给产品／运营的资源及平台是完全不同的。

终极提醒：

如果你立志从事产品工作，尽量去一家产品驱动型的公司；而如果你对运营感兴趣，去运营驱动型的公司成长会更快。

3. 选择大公司还是初创公司

选择大公司还是初创公司，也是很多人准备入行时纠结的问题。

大公司有完善的人才培养计划、丰厚的薪酬体系、明确的晋升流程，除此之外，公司本身的品牌也能给你带来一定的光环；而初创公司虽然没有成体系的培训计划，但是会给你更多的自主权跟空间，让你在实践中学习，一起犯错一起成长，虽然给不了你丰厚的待遇，但是期权加上每一轮融资之后的薪资涨幅也很有诱惑力。

这是你在困惑期的时候经常会听到的分析。似乎说得很有道理，但还是没有解决你的问题，看似两个都值得选择，但选了之后又都困难重重。大公司、初创公司本是动态的概念；在互联网业内，一开始的大公司是门户网站，如新浪、搜狐、网易；接着变为游戏公司，如盛大、巨人。紧接着又到了百度、腾讯、阿里巴巴的时代，短短 15 年，没有永恒不变的大公司。而且即使你加入大公司，也代表不了什么，假如你正在腾讯微博任职，或者在之前的搜搜、拍拍团队中，也有可能转眼间就被裁员或者被并到京东、搜狗去了。而初创公司也有可能因为资源有限、资金链断裂，随时让你面临失业的可能，最终能行权套现的只是很少一部分。

不论是大公司还是初创公司，都给不了你绝对的安全感，风险跟回报始终是成正比的。所以选大公司还是初创公司本身就是一个伪命题，无论是把员工当螺丝钉用也把员工当成未来行业翘楚进行培养的大公司，抑或是为员工创造自由成长空间也貌似剥削的小公司，相比公司对你的影响，你所加入的团队以及直属领导对你的影响、教给你的东西才更为重要。

抛开公司本身不谈，从自己的角度出发，以三年为基准去进行综合评判，首先是功利主义，其次是价值主张， 把已拿到 Offer 的工作从待遇、岗位、成长空间、自己的价值观等多维度进行一个打分，然后按照自己对待遇和价值观的不同侧重点分配不同的权重，加权平均就可以得到一个适合自己的排序。

那如何寻找靠谱的团队？假如你是一个初入互联网的求职者，首先从意愿上讲，假如你已经愿意且有能力进入某家大公司或者初创公司的某个团队去工作，那这个团队对你而言就是靠谱的。工作本就是为了迎合自己，要有自己的选择，无论这个选择在别人眼中多么经不起推敲，多么不靠谱，对你而言就是靠谱的。有判断力的人总不会虚度年华，试错是必须的，为自己买单是迟早会发生的，这是成熟前的必经之路。所以向着自己的靠谱团队奋斗就好。

终极提醒：

如果你还不能解决心中的纠结，可以提前去一家公司实习，接触未来会一起工作的团队还有直属领导，如果相处起来会有疙瘩，转投另一家就好。无论你是在适当的机会换一家公司还是像婚姻中的从一而终，都会得到祝福。

4. 如何寻找靠谱的团队

假如你不知道选择什么样的团队，那就从自身出发，如果你能力够强、喜欢折腾，靠谱的创业型团队更适合你。因为它对你的束缚比较小，你可以做更多的事情，有更好的成长，更容易展示并证明你的能力，而且也有相对稳定的折腾空间。

如果说你不着急就业，家庭环境也比较好，那无所谓，先对自己进行一个深层次的认识，对自己的能力、意愿、未来的规划做一个完整的剖析之后再来决定。假如你在一个小公司里面，虽然月薪只有五千元，但你有股权，一旦公司被收购或者上市，你就实现财务自由了，当然也有可能公司倒闭一文不值。而大公司稳定的成长、收入、社会地位也在不断向你招手。这就要看你本身的属性。选择大公司还是创业型的小公司都没有错，而且都可以找到一个很好的方向，就怕你选择之后不甘心。

讲完之后又想跟大家来碗“鸡汤”，因为这也是我自己的一个经历。

我之前拿到了好多 Offer，但是先进入了一家创业型的公司。因为我觉得自己还算是一个有实力的人，对我而言，我随时都可以进大公司，但是想进一家优秀的小公司则不是那么容易，原因有很多种。比如说你一眼就知道谁是大公司，目标明确好找，而有潜力的小公司则不然；另外，大公司随时在招聘，因为它每天都有新的产品线，招聘的需求一直都有，只要你有能力，每天产生那么多岗位你肯定有机会。但是你想进一家优秀的小公司是不那么容易的，首先靠谱的小公司知名度不高，因为你了解的渠道有限，等到这个公司海量招人的时候，它就已经不是小公司了。

如何寻找靠谱的小公司？相比面试者，投资人会更为关注这个问题，完全可以让他们帮忙出谋划策。靠谱的投资机构选择的公司大部分都是相对靠谱的，比如创新工场投的公司肯定是靠谱的公司，因为他们有李开复等一系列的知名投资人帮你审视一家公司。他们会用实际行动去判断这个团队是否靠谱，团队做的事情是否靠谱以及未来前景如何。所以包括豌豆荚、知乎、多贝都是非常靠谱的初创公司，或许值得你的加入及参与。

Chapter 4　渠道不畅，如何寻找到更多职位

大家都听过这样一句话，是金子总会发光的。但是我们本科毕业后一般是22岁，研究生毕业一般是25岁。青春有限，我们必须趁着有限的时间去折腾，尽早找到适合自己的机会才能真正发光，让自己的价值最大化。所以在面试求职时，我们需要多渠道、主动出击。本章重点跟大家沟通如何寻找新的渠道，让你的简历能够顺利抵达面试官的手中，为你谋求精准职位。

1. 如何优雅地使用招聘网站

（1）职位筛选是避免成为“炮灰”的妙法

想到简历投递，你脑子里会冒出很多招聘网站，如智联、前程无忧、应届生、中华英才，甚至你也会在58同城的招聘版块投简历。但由于以上这些网站都是面对各行各业的综合性招聘网站，所以我们一定要为自己的应聘设定精准条件。如何优雅地使用这些综合招聘网站，获得更多的面试机会？我们以小A的求职过程为例来学习其中的技巧。

状态：应届生

目标职位：产品经理、产品专员

求职地区：北京

投递渠道：智联招聘

登录智联招聘之后，首先进行职位搜索：

因为运营相关的职位如用户运营、活动策划等需求相对较少，而且由于每个公司对运营岗位具体描述的差异性，智联等综合性的职位选择中并没有“运营相关的选择”。此时你可以勾选“互联网非技术类”的职位，之后再进行筛选。

选择职位：互联网产品经理 / 专员

选择城市：北京

搜索之后我们可以发现显示结果太多，需要进行条件限制搜索：

首先是工作经验的选择，虽然暂无工作经验，但是除了“应届毕业生”这个条件可以选择外，“1 年以下”工作经验也是可以选择的，因为工作经验只是面试公司筛选简历的一个手段，能力够强可以忽略，但是“3~5 年”要求的岗位暂时还是不要考虑。

其次需要注意的就是职位发布日期。职位发布日期与简历筛选标准存在着先降后升的关系。基本上所有招聘网站的职位排序中，发布日期都占了很大的权重。一般而言，企业第一周收到的简历最多、筛选最严，导致多数简历直接被无视，所以前三天投简历的人多数会被淘汰，少数特别优秀的也会根据后面的面试情况再作定夺。随着时间的推移，简历投递量减少的情况下，HR 的筛选标准会相对放宽。而发布日期离现在较远又可能会出现职位招满的情况，所以建议投递简历时间最好是职位发布三天之后，这样作“炮灰”的可能性会最小。

做了这两轮选定之后，在搜索的职位中，先选择熟悉的公司提供的职位进行投递，不熟悉的作为备选。

（2）简历投递的两个原则

按照建议的搜索方式，了解了各家企业的职位要求之后，选定一家适合你且你的各项要求也基本符合的岗位。这个时候除了个性化的准备与岗位匹配的建立外，还要注意两个原则：

A. 查看职位发布时间

查看职位发布时间，是简历投递过程中非常重要的一点，这直接关系到你得到面试邀请的概率有多大。查看职位发布时间很简单，只要在百度或谷歌等搜索引擎中输入“公司 + 职位名称”即可。在搜索结果中看网页生成的时间即可做出大致判断。

前不久一个朋友投递简历时，在搜索引擎中输入“某公司 + 产品经理 + 某方向”，搜索出来的招聘信息在不同网站中显示的发布时间差别很大：在某论坛的职位发布时间最早，是两个月之前，不过已经显示删除；有的网站显示该职位是一个月前发布；而某综合性招聘网站显示的发布时间居然就是前一天。

朋友跟我沟通后，我立刻就萌生了一连串的疑问。首先，这些不同时间发布的招聘信息真的是同一个职位吗？带着疑虑我和他挨个看了前五页搜索结果中的描述，包括用快照的功能查看了最早发布信息的某论坛中已经被删的招聘信息，描述的就是同一个部门的同一个产品岗位；其次，为什么不同招聘网站上面显示的发布时间相距如此之久？对比一下第一条信息发布在某论坛这个非盈利性的招聘业务论坛中，而最新的一条发布在专门的招聘网站中，你就会明了其中的原因——第一条是真正招聘的，第二条是借此对公司做推广营销的；最后这个职位此刻还真实存在吗？还要专门为其写一份简历吗？我明确告诉朋友，这个有可能是企业提供的虚假职位，也有可能是招聘网站发布的虚假信息。总之，对于这个招聘信息，你不需要花太多时间专门针对其写一份简历，如果存有一丝希望，可以仅投一份常规简历，有回复更好，没有也无需失落。

大部分人在求职的时候，都会遭遇“投递上百份简历，但是没有收到一个面试通知”的情况，自信心容易被浇灭。其实并非你的简历没有通过筛选，也许只是因为你投递了一个虚拟职位而已。

B. 必须直投

直投指的是你搜集到公司的招聘需求之后，最好将简历直接投递到公司的招聘邮箱当中。

第一，即时性高且有助于提高打开率。企业人事合作的招聘网站通常有多家，为了提升工作效率，他们都是定期去招聘网站下载简历；但是负责人的个人邮箱或者是招聘邮箱都有实时提醒，所以直投即时性高。而且出于工作效率的考虑，面试官会以过去不同的招聘网站简历的靠谱情况来排工作优先级，很可能就会直接忽略某些渠道投递来的简历。

第二，通过招聘网站的简历系统投递简历，其显示经常有问题——乱码，而且简历命名也经常因转码而被破坏；其次，因为不是专门为互联网人士准备的模板，其简历重点内容的显示效果也不是你想要的。所以简历最好直接投递到公司的招聘邮箱当中，如果遇到仅接收系统投递的公司，要记得多次预览你的简历效果。

（3）简历投递前规则

综合性招聘网站的本质是为了获取更多的职位，从而吸引更多的用户进行投递。其收入来源主要是向公司收取服务费，用户基数及活跃度是服务好企业客户的两个基本要素，而丰富的职位恰好又是用户增长及活跃的基础。整个模式一旦因为职位的锐减就会被打破，陷入恶性循环，所以招聘网站会用各种手段保证其发布的岗位数量，数据的真实性跟有效性也会相应下降。

另外，也会有公司因为招聘网站的廉价广告位，以招聘的形式打广告，发布本身没有需求的职位，这类职位描述通常比较模糊，比较容易鉴别。

（4）建立简历投递记录表

求职是一项长期的工作，所以要对自己的求职过程进行有效地管理。最好建立专门的求职文档，记录你所投递公司的详细信息：如投递职位、投递时间、面试时间、面试进度、宣讲会时间、简历截止时间、在意程度等信息，这样可以更好地管理整个面试过程，也能有效地避免因过于繁忙而忽略了面试。

2. 校园招聘中的简历投递

校园招聘时的简历投递相对简单很多，知名的互联网公司都有相对规范的投递流程，如腾讯因投递人数众多，只接受网申；而大部分相对较小的互联网公司没有专门设计简历投递系统，只接收邮件投递。所以简历投递时，只要按照每一家公司的规定执行即可。

此外，需要明确不同互联网公司的宣讲城市、宣讲时间、简历截止时间、面试时间。

如百度、腾讯、阿里巴巴覆盖的城市相对较多，有十几个省会城市；大多数的互联网公司因时间及成本问题，仅在北上广深举办校招。所以要根据自己的情况，选择一个适合的城市参加校园招聘并根据企业在该城市的校招时间进行简历投递及面试。

百度、腾讯、阿里巴巴的校园招聘通常在每年的九月开始，大部分城市的简历截止时间在十月前，这也是刚上大四的同学们要注意的一点。一旦错过这个时间段，基本就与校招无缘了。

3. 如何使用社交网站寻找职位

除了通过招聘网站投递简历、参与公司举办的校园招聘外，随着微博的兴起，利用社交媒体寻找职位也是一个非常有效的求职渠道。

Gozaik 是一家利用社交网络把雇主、招聘人员和求职者联系起来的公司，它曾经发布数据称，微博上每分钟会诞生 15 个关于招聘的信息，每月累计产生 500000 个职位。而在微博上发布的招聘信息中，排名前 50 的岗位中互联网及 IT 行业大约占了 24%。比如你在微博的搜索框输入“.com”进行搜索，基本上有 80% 的搜索结果与招聘有关，而且都是实时搜索出的结果。所以利用社交网站寻求职位也是我们应该重视的一个渠道。

利用社交网站求职非常简单，以新浪微博为例，你可以输入所有你感兴趣的职位，如“产品经理”、“产品专员”、“用户运营”、“产品运营师”、“新媒体运营”进行搜索，根据反馈结果，加上辅助搜索词如“产品经理＋面试”来优化搜索，并订阅该关键词，在微博的搜索页就会有实时相关微博数量的提示。

一个朋友在微博上输入“产品运营”点击搜索，推荐的一个热门微博就是百度贴吧在招“产品运营师”和“高级产品运营师”，其中“产品运营师”应届生完全可以胜任，同时留有邮箱 wuchen02@baidu.com——案例如下，这个邮箱在下一个章节还会派上大用场。

百度贴吧微博机构认证：#贴吧招聘#找对象和找工作这事儿其实挺像的，都得靠缘分，还得双方互相满足对方的需求。我希望你是一个外向、创意多、能干的，最好以前有过 AE 背景或在公关公司待过。关于我，请见下面长微博。感兴趣的话发个简历过来：wuchen02@baidu.com，如果有缘咱们来面见一下。地点：北京；岗位：高级／产品运营师。

除了新浪微博外，知乎社区、微信求职相关的公众号都会有大量的招聘信息，通过简单的“职位”关键词加上辅助描述词就可以在社交网站上获得实时的招聘信息。

另外，你可以单独建立专门的微博分组去关注互联网公司的招聘微博跟知名公司的 HR，定期查看分组微博获取招聘信息。

4. 如何轻松获取面试官的信息

有效投递简历之后，特别是利用社交网站投递简历的，还有一个特别重要的工作，就是获取面试官的相关信息。

社交求职中看到的职位信息通常都是有招聘需求的人直接发布的，而且约 60% 的发布者是直接招人的领导者。这个人基本上会是你未来的直属领导，也极有可能是你面试时的主要面试官。浏览他的微博，了解他的产品观、喜好及个人经历，知已知彼，才能百战百胜，打造一个与面试官合拍、话题有交集的人，面试成功率会成倍增长。

此外，根据所留邮箱还能进行深度挖掘。如上一个例子当中的邮箱 wuchen02@baidu.com，wuchen02 应该会是你的面试官或者未来直属领导。在搜索引擎里面直接输入 wuchen02@baidu.com 或者 wuchen02，很大概率上 wuchen02 会是他经常使用的 ID，接下来就是整合信息，让面试官成为你了解的人。

搜索引擎的结果显示，他正在关注西藏自助游，假如你正好也对自助游感兴趣，而且如果有去西藏的经历，不管是徒步单车还是自驾，都是一种可以引起面试官关注的经历。

如果他在天涯里的一个帖子中赞了《赢在单词》这本书对他的帮助。这说明面试官也有一段学习英语的经历，而且这本书解决过他的困惑。你可以总结一下自己学英语的痛苦，速读一下《赢在单词》并提炼其中的观点，作为面试中可引出的一个话题，也能迅速抓住面试官的心，不断地让面试官觉得你的经历跟他很像、你的能力跟他很像，也许你们真的很适合做同事……

包括他在豆瓣里面关注的话题都可以在搜索引擎中一览无余，进一步与他的微博发言相结合，你会发现面试官在你的面前越来越立体，你完全可以轻松面对他，有 N 多和工作相关的、相近的话题可以跟他聊。那接下来的简历考评和面试提问都会变得轻而易举。

5. 还有哪些值得推荐的招聘网站

做垂直做细分是近年来互联网创业的趋势，招聘网站也不例外。随着互联网的高速发展，每天都会产生大量的新型职位，如“品类运营”、“无线交互设计师”，专门服务于互联网求职者的网站也应运而生，其中以内推网、拉钩网的口碑最佳。

此外还有北邮人论坛，北邮人论坛招聘版块在互联网面试官心目中的口碑相当不错，大家都乐意把招聘职位同步更新到论坛上，而且通过北邮人论坛拿到的简历都会相当受期待，自然会为你加分不少。

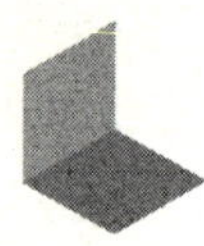

Chapter 5 面试时哪些技巧能让你游刃有余

面试的目的就是为了筛选有能力的人为团队注入新鲜血液。但首先每个人的能力不同，所谓术业有专攻；其次，不同的面试对能力的评判标准及能力的维度要求也各有侧重；对于求职者本人而言，面试时能力的展现与本身的状态又有着千丝万缕的关系。面试时所有不确定的因素都可以归结为人品或者是能力与运气的集中体现。能力及运气只要有一个因素能在面试时瞬间爆发，整个面试结果就会非常理想。那面试时有哪些小技巧能同时提升运气及能力，并且让你在面试时游刃有余呢？

1. 了解你所投的职位

了解你所投递的职位，除了职位描述与职位要求外，知道具体面试的是哪个部门的职位更为重要。校招时非常凄惨的事情是，你永远不知道你到底去哪个产品线做产品经理，也不知道去哪个项目做运营或策划，公司都是统一招聘之后再轮岗、定岗。这就导致你要为面试准备的资料非常之多，如BAT这类公司的产品线都有上千条，各个产品线中对产品经理及运营的要求又是千差万别的。同样做产品，有的十年如一日画原型，需要你有很强的原型设计能力；有的十年如一日做客户，需要你沟通能力强、心细且能坚持这份工作。如果你不知道自己面试的是哪个事业部的哪个项目的产品经理或者运营时，你就像在买彩票一样，面试的成功率极低。

如何了解自己所投递的职位隶属于哪个产品线呢？宣讲会的演讲嘉宾、校招的宣传视频都会给你一些线索，招聘微博中的互动也能找到踪迹，这在之后的章节中会有详细的案例进行介绍。

充足的准备能让你在面试的时候更放松，无形之中可以让自己的能力更为聚焦，同时消除所有不利因素，提升能力及运气和命中率拿到Offer。

2. 避免与面试官正面交锋

如果面试官问你喜欢看美国大片吗，你应该如何回答？假如你回答喜欢，接下来你所有的答案都要围绕你为什么喜欢，反之不喜欢也是一样。整个回答与你自身所具备的产品能力、运营能力没有一个很好的结合。那如何用技巧化解此类看似无关实则相关的问题？

（1）不要简单地给出标准答案

面试时非常忌讳的一个问题就是直接回答面试官的问题，注意我的措辞“直接”，比如面试官问你喜不喜欢某个公司，喜不喜欢某个产品，你直接回答喜欢或不喜欢都是错的，因为没有意义，反而容易被他绕到圈子中去。

所有的面试官在问问题的时候，他们心目中基本没有标准的答案，比如一些很变态的问题，北京有多少个井盖、有多少栋写字楼、多少家互联网公司，面试官自己都没办法精准地去统计这些数据，你的答案自然也不重要。他只是要通过这些棘手的问题，了解你面临困难及压力时候的反应。所以面试官更多地是想听你背后的分析，从你的逻辑和分析思路来反观你个人的能力，如个人判断力、分析问题的思路、获取信息的能力以及对产品的敏感度，都会从你对这些问题的回答当中暴露出来。

同时，面对一些陌生的问题时，给出分析比直接给一个简单的答案更能避免暴露能力的短板。比如，面试官问你是否精通 Photoshop，事实上你只听说过这个软件，实际使用更多的是美图秀秀。如果你答没有学，或者说学过三个月但不精通，无疑都意义不大。

仔细思考一下，面试官问这个问题的真正需求是什么？为了找到一个会 Photoshop 的产品经理，产品经理为什么需要 Photoshop，因为平时需要设计一些原型图；为什么设计原型图，为了更好地与其他同事沟通；那草图能不能解决这个问题？除了沟通外，会 Photoshop 的话会不会提升一些审美能力？跳到另外一个极端，面试官问是否精通 Photoshop，他自己是否会 Photoshop，他觉不觉得产品经理需要精通 Photoshop？如果你说自己精通 Photoshop，他会不会直接让你去做设计？如果说不精通，他会不会觉得这个是他们公司产品经理的必备能力？想到这些，倒不如打个太极，把这个问题上升到产品经理的技能点分析方面，忘记自己是否精通 Photoshop 这个问题。你可以这样回答：

第一，产品经理更应该注重逻辑框架。原型只是平面展现，逻辑是纵向的。纵向的深度在于产品整体的逻辑把握，我会通过草图的形式与设计开发运营沟通，梳理好整个产品的逻辑，原型越简单越好，所以草图更适合沟通。

第二，审美能力。我经常看画展，看到东、西方艺术的博大精深，了解我国古代艺术的高深成就和特点，通过大量作品的欣赏，学会“古为今用，洋为中用”。同时也去“花瓣”还有“站酷”欣赏作品，激发心灵深处美的感受。另外对中国画、油画、水彩画、水粉画、版画、素描也有简单的了解，具备一定的审美能力。

第三，Photoshop是产品经理要掌握的工具之一。工具是为产品服务，不是阻碍产品设计进程的。我对软件的上手速度一直很快，如果在我们的项目团队里，Photoshop可以推进产品进度，我会迅速进行学习，除此之外的Flash、Dreamweaver、绘声绘影、Axure我都曾经尝试使用过（同时附上一个学软件的过程，更有说服力）。

第四，产品经理的职责。产品经理负责的是一个线性流程，复杂的工具会让节奏变慢。好看的产品原型固然打动人心，但是不能削弱设计的工作。毕竟设计师是最专业的，产品经理可以给出一个框架，让设计有发挥的余地。这样跟进产品开发也相对容易一些。所以做好自己的事情，给别人留好发挥的空间，这样的产品生产过程才是完美的。产品经理是团队，不是一个人在战斗。

通篇没有提到自己的 Photoshop 能力，反而通过分析产品经理的技能点，展现出自己的审美能力、学习能力以及对产品经理这个职位的深刻了解程度。

（2）把话题引到自己熟悉的领域

通过第一关，还要会把整个问题的方向引到自己更熟悉的领域当中，避免一直处于被动状态。

为了教会大家如何将面试官的话题引到自己更为熟悉的领域当中，我们可以举一个非常离谱的例子，比如前面提到的面试官问你喜欢看美国大片吗？这里有一个借鉴版的回答，可以看看跟你想象中的回答有何不同。

首先，你要接住面试官的话题，聊一下你所理解的美国大片，之后想办法把话题引到你熟悉的领域当中，或者是你在面试前研究过的一些案例上来。比如你看过网上流传的关于某某社区的一组数据，整个话题的延展性就可以变得更强。可以把话题引向对陌陌、某某社区等产品的讨论，表现你想表现的优势：

数据敏锐度。某某社区日均访问超过了 3 000 万，稳定活跃用户接近 1 400 万，用户驻留的时间是 32 分钟，用户的活跃度及忠诚度基本上完爆了国内的所有产品。假设你在面试前已经准备过数据相关的内容，可以立刻让面试官进入你的第一个圈子，就是数据圈。用如百度、汽车之家、月光博客（国内流量排名前十，前一百，前一千的知名网站）的流量与上面的数据做一组对比，同时看一下面试官的反应，如果面试官比较惊喜，继续你们的数据话题就可以成功让面试过渡到你比较了解的领域中来，如面试官对此无感，转入下一个话题。

运营意识。某某社区从2007年关闭了开放注册制度，实行邀请注册，游客注册必须输入由老会员用论坛贡献值购买的邀请码。2011年社区曾开放注册过两天，会员就激增13万从而被迫关闭开放注册。目前采用不定期邀请注册制，论坛会员数超过20万。如果面试官表情开始突变，你可以继续介绍早期的facebook是如何采用邀请注册来提升格调同时保证用户都有足够多的朋友可以交流，也可以聊知乎是如何通过邀请注册提升早期内容的品质，接下来开始一系列的运营模式的解析，如面试官对此仍不感兴趣，转入下一个话题。

产品意识。如何像某某社区一样抓住用户需求，激发人类最基本的欲望来做产品，又会是你们新的话题点。

产品战略层面。叙述某某社区所面临的风险，怎么把宝贵的流量留存并转化到更多的产品线上，分流用户，同时也能降低风险。

商业模式。某某社区的盈利模式可能就是广告和激活码，描述它的市场及如何在用户体验跟收入间做一个平衡。国内互联网最基本的商业模式游戏、广告、电子商务、增值服务，如腾讯盈利点在游戏，阿里巴巴的营收源自电商金融，百度收入来自广告，接下来你可以在商业模式层面上做一个简单的分析，看面试官的反馈。

行业结局。分析某某社区类似的产品，如陌陌的发展现状跟未来，看面试官是否对这个感兴趣。

这个就是从你的数据敏锐度到你的运营意识、产品意识、战略意识、商业模式多层次分别描述，答案到此，即使面试官中断话题没有深入到你设下的“圈子”里，也会被你的答案所折服。

（3）如何避免暴露自己的智商弱区

面试中间还有一个禁忌，避免谈论你所面试公司的产品，这样容易暴露你的智商盲点。

面试就像一场战斗，如果作战双方悬殊太大，结果是显而易见的，如果能把单纯的拼战力换成拼人数、拼财力等多维度对比的话，选一个自己最有把握的比拼方向才能取得战斗的胜利。如同田忌赛马一样，避免谈论面试公司的产品，就是换战场、换比拼项目的一种方式。面试官最了解的就是自己的产品，而你只是面试前才开始接触这个产品，你不知道这个产品的过去也不知道它未来的规划，也不能百分之百地了解它的意图和逻辑，这时你提一个你认为可行的意见，肯定是最容易踩到雷区的。以你负分的战力去跟战力全满的人比拼，还没开始就注定败局。

理想当中，一个产品应该是集众家之长，技术、产品、运营通力合作完成。而现实的产品却是各方博弈的一个结果，产品经理设计出了产品原型，跟老板商议，老板基于自己对行业、产品的认知，在产品的基础上又增加了若干新功能，之后为了拿投资，又要催促整个产品的进度，扰乱整个产品的迭代节奏；终于定下方案之后，到了技术这里，技术觉得整个开发周期太长，如果能砍掉几个他不认同的功能，整个节奏会更快，产品再次泪奔，忍痛割爱再次让步。技术终于勉强在排期内上线了产品，运营同学又觉得在推广过程中没卖点，需要加上若干醒目的按钮提示用户注册使用，否则没法推广。僵持不下，双方各让一步，总算是开始推广了。但与最初的设想相比已经满目疮痍。紧接着，又要考虑用户、商业模式的诉求，于是真的变成了所有人一起做产品。然后面试的时候，面试官遇到你了，你还在喋喋不休地指责他的产品存在什么问题，应该如何去改进，他会很不耐烦地觉得你“too yong，too naive（幼稚）”。

如果面试官非要大谈自己家的产品，该如何应对，刚刚讲的两种技巧就很适用。另外也不要去谈竞争公司的产品。比如你去360面试，如果面试官问的问题是你觉得金山怎么样？好或不好这样带有结论性和倾向性的观点没有任何意义。他想听到的不是你的观点而是你通过分析得出的结论。360面试官本质上不是想听你去抨击或赞扬这个公司，做为一个成熟的人大家心里都有一个基本的判断。而你的回答也要避免自己的观点带有倾向性，客观评价后转换话题就可以了。

3. 面试中的万能型回答模板

假如你现在的面试官是一个贴吧的产品经理，他的问题是你觉得贴吧在移动端怎么布局更好一点。

听到这个问题求职者肯定瞬间就头大了，跟一个面试官去讨论这样的问题，无论你回答得多好、考虑得多周全，在他心中永远都不会是一个合格的答案。首先，这个问题跟求职公司本身相关；其次，这个问题太大了，整个行业里都没人能给出完美的回答，怎么办？

回想一下，我们刚刚提到的面试要点，第一不要直面问题，第二把话题引到自己熟悉的方向来，第三避免谈论求职公司的产品。所以我们可以做出类似如下回答：

贴吧作为百度最具代表性的产品，肯定已经有周全的方略来为百度赢得移动互联网的船票。

没有直面问题提到贴吧、提到布局，只是告诉面试官，你的问题我知道了，同时也在暗示，大家都不是傻子，你作为面试官都不知道如何布局，我就更不知道了，我是来面试产品经理岗位的，不是来面试 CEO 的，所以希望你见好就收，问点常规性的问题。

谈到布局，我倒是有一些思考，但是是我自己在大学时做过的一个产品，可以稍微分析一下给你听。

提示面试官我没有跑题，但是我得换个题目来答，你看怎么样。把不熟悉的问题转化成你熟悉的问题。

这个产品就是社团，虽然它称不上互联网产品。但是按照互联网的玩法来招收会员提升会员活跃度，按照互联网扁平化管理来打造社团组织结构，按照产品迭代方式提升社团品牌，并进行了商业探索。最后，为了顺应移动互联网的发展，我们在移动做了APP和微信公众号通过手机为会员及学校学生提供服务。

当然，要在每一个细分的节点都进行深入讨论。而且提示面试官你要注意了，我没做过产品，但是我知道把社团按照互联网的玩法进行打造，如果你让我做互联网产品的产品经理，我肯定能做得更好。现在更重要的事情就来了，你要花很长时间来把自己最熟悉的一段经历打造好，从数据的敏锐度、运营模式、产品意识、产品战略、商业模式等方面做一个有层次感的分析，接着再补充一下，如何顺应移动互联网做了一些改变。面试前，你需要尽可能地摸透几款产品，用一个“word（字，词）”把这样的一些观点不断地夯实，让自己在面试的时候掌握主动权。

Chapter 6 互联网大佬们如何招聘

当求职者在为找不到工作苦恼时，面试官同样也在为如何寻找优秀的人才而寝食难安。尤其是互联网的创业公司，财务、法务、融资的问题都可以寻找到有效的解决方式，但是招聘的问题永远是牵扯精力最大、见效最慢的一件事情。即使公司有品牌、职位待遇高加上期权也很难招到人，粥多僧少的互联网，即使周公吐哺，天下也很难归心。所以大佬们的首要任务永远是招人，了解李开复等互联网大佬们是怎么招人的，逆向思维一下，顺应他们的方式，成为他们想招的人。

1. 大佬们的招聘思维

很多人觉得互联网大门只为有经验的人敞开，对应届生则缺乏耐心。其实并非如此，即使你是在校生，通过各种校招渠道都没有拿到Offer，也完全不妨碍你用自己独特的方式让李开复来主动挖你。但是很不巧的是开复先生由于生病近期在家中休养，这个几率变得稍小。但是你完全可以把这个方式用在你想进的其他公司的CEO身上。

首先我们需要了解一下大佬们的招聘思维。下面截取的这个内容就是知乎的CEO周源在知乎的帖子里对“创业公司应该如何招人”这一问题的答复。

我用过的大家都用的方法:

在蓝色理想上发帖子（无效）

在水木上发帖子（有点效果）

在技术邮件组里发帖子（无效）

买 51.job/智联最便宜的服务（有点效果）

给所有可以想到的人打电话，请他们推荐（无效）

给所有和你讨论过创业，喝过点小酒的人打电话（无效）

约前同事私下谈（有效）

我用过的大家可能没有用的方法:

上 Twitter，看 XXX 的 Follower，一个一个看，看他们的 Twitter、博客、Google Reader 分享，想办法搞到邮件，联系，半夜电话骚扰;

上豆瓣，前端后端挑几本重量级的书，去找想看、看过、正在看这本书的人，一个一个看，看他们的活动、博客、Google Reader 分享，想办法搞到邮件，联系，半夜电话骚扰;

找同事，问他们都看什么技术博客，想办法搞到邮件，联系，半夜电话骚扰。

周源的招聘用了两种思路，其一是大部分公司都会使用的方式，与一些招聘网站如智联招聘、51.job 及垂直的设计社区如蓝色理想或互联网业内的招聘网如北邮人论坛合作。这些只能作为常规的渠道，其实算是被动地等待求职者来投递简历。这类招聘大都只能招到勉强还可以的人，而且大部分是按照职位的限定去招的人，所以其流程会本能地忽略适合本职位以外的人才，有一定的弊端。

另外一种思路就是主动出击，假如你能把自己塑造成适合他们“主动出击”的人才，Offer肯定是唾手可得。比如微博、Twitter某某大牛的关注者，这类大牛通常不会是微博上面的微博领袖，而是某个领域里卓有成就的人，比如提到产品经理，也许你就会想到张小龙、周鸿祎，但这是尽人皆知的，再往下研究，你也许会知道苏杰、王坚这类产品经理书籍的作者。这些还不够，如果你能找到市面上所有优秀的产品经理，那就堪称完美了。

比如搜狗输入法的马占凯、禅游记产品经理纯银等，不管是认证还是非认证的、不管是经常写博客的用户还是异常低调的产品经理都在你的关注列表里面。作为一个刚毕业的求职者，如果你能有幸知道你所关注领域里面的所有大牛，再进一步了解不同产品人的思路风格以及所擅长的方向，至少你已经具备一个优秀的行业聚会组织者所具备的基本能力了。这一点起码可以证明你是一个值得招募的人。

除了Twitter和微博的关系链条分析以外，在豆瓣上分享读书心得，尤其是相对不流行但是在互联网圈子里巨火的书籍，如《精益创业》等，也有助于建立你专业的产品经理或者运营的形象。此外，知乎上面你所想进入的领域所有相关问题、各种垂直博客、多贝上面的学习资料，都可以证明你是一个善于进行深度挖掘同时敏而好学的人。

2. 逆向打造自己的匹配能力

按照刚刚周源所用到的招人方式，作为一个求职者，假如我们想进知乎，如何利用逆向思维，打造自己相匹配的能力，赢得用户单位的青睐呢?

（1）打造一个活跃ID混眼熟

首先，互联网有很多专业的圈子，如站酷、多贝、知乎、北邮人论坛、水木社区，此外还有若干技术社区、产品经理社区、设计师设区，针对你求职的岗位及目标公司的人常会浏览的社区，去营造一个活跃的 ID，起码混个眼熟。

一个辨识度高的 ID 是混眼熟的前提，如同给产品取名一样。名字就是为了被人记住，极端一点另类一点都无妨，只要在面试时给 ID 加入一定的文化内涵，整个故事就圆满了。

活跃的方式可以有很多。假如对某一个领域有足够的见解且语言组织能力极强，可以试着生产课程、文章、高质量的答案以及有趣的微博等优质内容，通过成为网站的核心内容贡献者来成为活跃的 ID。

其次，如果你的精力跟实力都有限，可以以一个参与者的身份让自己的 ID 活跃起来。比如参与微博的评论跟转发，参与一个问答的点赞或修改，参与一些线下活动。比较重要的一点是，一定要专业！比如把自己设置成一个专业的点赞党，只点赞，如微博点赞，给关注的微博圈里的人每条微博都点赞，而且是第一时间并且持之以恒地点赞。再或者是专业的沙发党，比如在知乎的每一条关于产品的答案里都给予自己的评论，最好是抢到沙发，用时间弥补实力的欠缺来混眼熟。

此外，参与到产品的官方QQ群或者微信群中进行讨论，每天抛出一些话题或者消息，帮助活跃群内气氛，假以时日，效果就会很明显。

（2）与有价值的人互动

解析大佬们的招聘思维中提到过，关注有价值的人，既能学到东西，也能形成必要的链条，以便更好地被挖掘。这里可以分享一个更简单的方式，即关注有价值的人关注的所有用户，比如你可以把开复老师微博中关注的所有用户都关注一下，筛选出非互联网的用户；再把开复老师在知乎上面关注的所有人都关注一下，至少开复认可的人及其分享的内容，你都可以即时跟进并学习他们分享的内容。依此类推，寻找你认为极靠谱的人复制他们的关注链条，基本就可以把整个行业里所有有价值的人都关注一次。

我有很多HR的朋友在面试求职者之前会研究他们的微博，而且特别看中一个指标，就是共同关注的用户数。特别是招聘运营相关如用户运营、BD等岗位的时候，假如你跟面试官共同关注的人超过100个时，面试官对你的印象分铁定会翻几倍。而关注面试官的同时也关注你的人接近100个时，你和面试官基本就属于同一个圈子了，满意度会继续上涨。我自己在

面试时也有类似经历，两个能力相近的候选人，只因其中一个与面试官的微博共同关注的好友超过了 80 多个人，立刻就受到了面试官的青睐。

关注了有价值的人之后，一方面要不断吸收他们的观点，这是一个长期的学习过程。另一方面也要跟他们即时互动。你可以在关注的列表中单独筛选出同一细分行业如产品经理，同时转发评论基本在 10 条以下的微博账号，列成一个组，利用转发与评论长期与他们互动。如果对方的微博评论长期维持在 10 条以下，你的评论及用户名就会经常出现在他的消息列表里面，同时要以虚心的姿态不断请教问题，长此以往，你必然会获得更多有价值的人关注，从而离 Offer 又近一步。

除了微博以外，在其他互联网从业者聚集的社区当中，这个方式是同样适用的。

（3）读有价值的书

读有价值的书，不仅在能力方面可以得到提升，也能引起大佬们的注意。比如周源提到过他会去豆瓣里面看有谁读过、有谁想看、有谁正在看一些互联网书籍，但是往往这个数据量是很大的，而交互越重的方式留存下来的数据往往越少。比如，浏览量肯定会是想读的人好几倍，想读的人到读过的人之间也会有很多的用户流失，读过后再静下心来写评论的人又所剩无几，最后读过并写出优秀书评的人则少之又少，如果你有足够耐心、好学，也会很容易被挖掘出来。

除了书以外，课程、问答同样适用。

（4）经营自己的社交名片

打造ID混眼熟、关注有价值的人并互动、读有价值的书都是为了增加自己的单点曝光量，这些方式只是吸引流量的一种方式，但是如果要把这个访问形成最终的目标转化，拿到工作还是有所欠缺的，社交名片可以有效地解决这个问题。

什么是社交名片？社交名片就是可以精准地反映你的能力及状态的网页、个人博客、微博主页、豆瓣主页、知乎主页甚至是简历，它们能反馈出你对互联网的热爱程度、对产品工作的渴求程度、产品潜力、运营意识以及与公司的匹配程度。

如何快速构建有吸引力的社交名片？

1）选取自己感兴趣的平台，最好是新兴的互联网社区平台，微博、知乎、多贝等都可以。

2）根据自身兴趣结合平台属性选择定位方式并有所专注。

3）如在个人博客当中，假如你定位做设计，可以拍摄创意短片，分享原创的设计素材，模拟并改进典型产品的设计风格；假如对产品感兴趣，可以发表关于用户调研、原型设计、数据库分析的原创文章，至于行业分析类的暂时忽略，如果原创问题比较大，可以做内容的加工整合。

4）如在微博当中，可以减少微博更新频率，同时提升质量，以长微博分享为主，并有明显标记如“《读书笔记之产品第十期》”区分不同类型的文章，同时以强烈的数据展现微博中所蕴藏的干货。

5）留下邮箱等个人信息，方便对你感兴趣的人与你联系。

6）在所有主页的个人简介中都带上社交名片的链接，增加浏览量。

通过分析大佬们的招聘需求，并匹配相应的能力，你是否已经摩拳擦掌，跃跃欲试了。但是又限于工作的压力，没有时间快速构建自己的社交名片，下面这些方式可以加速这个过程，在短时间内看到效果。

1）评论周源的所有微博，知乎上面的观点每条必回，并提出自己的想法。

收集潜在目标公司，精准到所面试的某个项目里面所有同事的微博，做一个简单的统计，统计内容包括单位时间内发微博的频率、粉丝增长数及评论转发数量，选择在单位时间内发微博最多但是涨粉稍慢且评论不多的账号，加关注并评论其所有与产品及运营相关的微博，每条必回而且是高质量的回复，大概时间不超过 24 小时。

给潜在的面试官营造被大号转发的感觉，上百条有效的评论，足以使他研究其中缘由，甚至会主动加关注跟你私聊与产品相关的话题。

2）与产品的每一个活跃用户交流，了解他们对产品的看法，整理分析报告私信官方工作人员。

这个方式更适合相对较小还在打磨中的产品，因为其产品战略方向没有完全定下来，你的整个报告的价值就会更大。而且对于较新的产品，其活跃用户对产品的热情处于上升阶段，可能会耐心地跟你谈论这个话题，同时给出更多建设性的建议。如果是平台级的产品，这个方法暂时行不通，首先对于调研的活跃用户而言，他们在产品当中已经形成自身影响力，对此类调研兴趣不大，比如你去微博收集此类建议，基本不会有回复；其次，对于用户量较大的产品，产品战略是已经定下来的，更改可能性较小。

此外，对于正在转型的产品如果你能做一个活跃用户的流失报告，也是非常有吸引力的。注意报告是通过调研而来的，这样可以有效地避免掺杂自己不太成熟的个人主观意见，防止报告打折扣。

3）参与首页推荐的所有活动，并提出活动修改建议。

参与产品推广时站内站外的所有活动，对于有奖活动要积极争取中奖，以便有渠道与官方人员取得联系，伪装成热心用户把自己不太成熟的建议与官方人士进行沟通，同时积极推广活动。不断与市场运营磨合，了解他们的产品推广思路，形成自己的文案，时机成熟的时候，暗示一下你正在求职中。

4）利用六度人脉工具进行引荐。

利用六度人脉关系理论选择合适的推荐渠道争取与公司老板直接聊的机会。在微博进行人名搜索的时候，会弹出相关用户，假如你们有共同的好友，就可以顺利邀约面谈。假如没有，可以利用微博微数据中“关系链查询”这种基于“六度人脉关系理论”设计出来的工具，查询合适的路径与面试公司的CEO直接取得联系，获得面试的机会。

3. 开复缘何在微博上公开邀约大二学生

2012 年，开复老师在微博中公开邀约大二学生刘靖康加入创新工场，相信大家都有耳闻。

事情的起因是，大二同学刘靖康通过一则采访视频获取了记者拨打周鸿祎手机时的拨号音，然后用软件将拨号音转换成频谱图，再通过软件放大其中拨号音的部分，从而获取到了周鸿祎的手机号码。而我在多贝做运营，想借用热点进行传播，于是通过各种信息搜索在人人网上联系到了刘靖康，并且基于如何保护手机号隐私策划了一节课程，当然重点还是全程解析破解过程，并找开复老师帮忙转发。微博上的反响效果非常好，恰巧开复老师当时正有一个项目对信号处理方面的人才需求比较大，于是在微博上公开向刘靖康发起了邀约，并在创新工场南京招聘站中和刘靖康见面相谈甚欢。刘靖康坦言，对声学原理并不很了解，灵感是来自热播动画片《名侦探柯南》中的类似情节。之后通过查资料了解了贝尔在发明电话时所用到的原理。分析所用软件在网上可以找到，并不是什么特别高端的技术。

这个小故事里，有哪些亮点是值得我们借鉴的？

刘靖康在学校里做过很多有争议的事情，可能在传统眼光里特别出格，但在互联网人的眼里则充满着创新，所以不要在意别人异样的眼光，要不断尝试，哪怕偶尔做点小破坏，总会带来意外的惊喜。这个是前提。

能力聚焦很重要。之前你可能在十个领域都有小的研究，但每一个方向都没有达到业内顶尖水平。那倒不如把时间聚焦在一个研究点上，比如微博运营，你把微博运营的能力无限放大同时不断吸纳他人的观点，并且开始有相对专业的作品生产出来，这是第二个要素。

紧接着，你需要找到适当的引爆点，通过偶尔的因素放大这些专业的作品，比如同样是破解手机号码，与破解一位正处于风口浪尖备受争议的互联网斗士的手机号码，效果相差是非常大的。

想像刘靖康一样受到大佬公开邀请，三者缺一不可，引爆点与专业程度两者是相辅相成的，而创新则会让这样的邀请几率更高。

此外，如果你通过大量的数据分析，把握大佬动向，整个过程也会变得更为轻松，比如分析开复所有的微博，你会发现他是一个特别幽默的人，如果你能在江南 Style 比较流行的时候，设计一款他自己跳骑马舞的动态图并 @ 他，也能创造与他近距离接触的机会，当然 @ 的时候为了避免他接收不到这个信息，可以尽量邀请朋友转发，让 @ 的量变大，或者直接 @ 他周围的同事，这样吸引他注意力的概率会更大。

Chapter 7 抓住最后的救命稻草

如果你错失了校招，并且与各种面试机会擦肩而过，从完成互联网特色的简历到掌握的面试技巧都没能有效地帮你解决问题，那也不意味着产品经理的大门就对你关闭了，你仍旧有大把的机会可以把握。

1. 目标明确为公司而生

如果有明确想进的互联网公司，但通过各种正规的招聘渠道都没能如愿以偿，你还是有很多方式可以进去的。

首先，你可以考虑转换目标职位。因为公司跟职位相比，公司还是第一位的。先进去才是王道，至于岗位则可以在进去之后根据能力进行调整。比如公司产品经理的岗位要求你不符合，可以考虑应聘运营策划；运营策划达不到条件，可以考虑先做销售；销售如果不符合你的性格，可以试着做编辑审核；编辑审核对中文水平要求比较高，那你可以面试客服……只要你愿意调整方向，总能找到适合自己的岗位，只是需要花点时间成本而已。甚至如果无法进入总公司，可以考虑先去分公司，这样你起码可以先成为理想公司的一员，然后通过不断学习慢慢转岗，找到适合自己的位置，曲线救国。

其次，可以试着努力从活跃用户变成公司员工。活跃用户相比普通用户对产品的感情更深，认知更全面，而且入职之后更容易上手。对公司而言，招到一个产品的活跃用户为员工，其价值观、认同感这些已经无需统一了，这些用户对产品的感情很深，很容易为产品去付出，也是一种特别好的选择。比如豆瓣网，正式开放注册一年后才有了阿北之外的第二名豆瓣员工，而其早期的 5 名员工都来自豆瓣前 2 500 名注册用户，正是这帮对豆瓣产品有着共同热爱的人才做出了广受好评的产品。

2. 先把自己变成目标公司的产品活跃用户

如何从用户变员工？方法很简单，但执行起来却没那么轻松。

圈定目标公司是第一步。你认识一家公司可能只是通过一次偶然的邂逅，比如参与过一次他们的产品宣讲或者企业开放日等活动……某家公司已经在你心中埋下了一颗种子，就如同初恋一样，为了真爱你可以不计较时间和精力的投入。但是这里也要友情提示一下，如果你的目标是大众情人，比如腾讯、百度这样的公司，竞争会太大。这时你还可以稍微调整一下目标，比如换成网易、360、豆瓣或者是创新工场投资的初创公司，压力则会小很多。

定完公司还要定产品，比如百度除了搜索还有贴吧、知道、音乐、图片、地图等若干个产品。而通过这些用户基数不同的产品进入到一家公司，难度也是不同的。刚上线的产品，因为用户相对较少，你成为其活跃用户的机率所投入的成本相对也小，且其产品尚处于试错状态，更容易倾听用户意见，同时随着产品用户基数的增长，它的支撑团队也需要不断扩大，这样就会为你成为活跃用户进而成为公司员工衍生出更多的机会。

首先，你可以成为网站的种子用户，像做自己的产品一样不断地向身边人推荐这款产品，尝试从自己的理解中去回答他们的问题，同时收集他们在产品使用过程中的每个反馈点，融入到产品当中，不断寻找感觉。

其次，你要不断地使用产品，为产品贡献自己的价值，比如阿里巴巴、京东等垂直电商网站，你可以试着在上面体验购物、收货、评价、退货等环节，同时留意其中的细节，哪些因素是可以促进用户愿意继续通过这个网站消费的，哪些因素在用户体验方面亟待提升；同时你也可以试着注册成为卖家，体验上架商品、优化产品描述、卖货发货等环节，验证产品的价值点，比如产品所倡导的垂直平台是否如介绍那样解决了某类用户的痛点，卖家是否认可并愿意在暂无流量的情况下陪着平台一起成长，同时列举卖家的关注点。反复体验这个流程，不仅能加深对产品用户的理解，也能知道自己选择的这个产品是否靠谱。其他的产品也可依此类推，把自己塑造成为不同的用户角色，去体验整个产品。

3. 如何从产品活跃用户变成公司员工

之前我们在面试过程中强调的一个原则是，假如你不了解公司的产品，就不要企图跟面试官聊产品，这样容易暴露自己的短板。但这个原则有一个前提是你不了解公司的产品。而如果你已经是公司产品的活跃用户，想转变为公司员工的时候，你要做的就是通过谈论产品、运营的点引起HR的注意。

这种谈论是建立在长期关注产品、运营的细节点，对产品有足够了解的基础上的。

研究产品的每一次迭代，列举每个版本中的详细功能，尤其是重大策略的一些调整，试着从产品的角度加上公司可能的环境去研究这些变化，形成一个详细的文档；

而对于运营方向，则可以记下每一次的活动文档，记录可以得到的数据如活动参与人数，进行简要的数据分析，记录活动中最能打动你的点，同时也要给出产品优化的空间，通过活动频率及类型的分析逐渐把握产品运营的特点；

研究产品官方微博的语言风格，尤其是转发量较高或者较低的一部分微博，试着了解微博粉丝偏好的内容口味，进一步了解粉丝的特征；

收集产品的广告投资渠道及周期，研究当前SEO状况等，对每一个运营点都可以深入持续地跟进，发现其中的规律。

长时间研究你喜爱公司的产品及运营策略，除了能提升进入这家公司的几率外，还能培养你的产品意识。公司最希望招到的不仅是有能力的人，更要是对公司做的事情有兴趣且愿意投入自己价值的人。因此长时间的投入会让你了解一个产品的逻辑，跟产品有感情之后上手也会很快，这个对公司的价值不言而喻。

如果你的目标公司有开放日、线下活动、聚餐活动，最好也能积极参加，这样不仅能混个脸熟也能了解整个团队的气质，通过对比了解自己的欠缺并进行弥补，把自己塑造成跟整个团队相匹配的人。

最后一点是持续输入有价值的内容或行业的信息。比如在博客或者新媒体网站中以整理为主去分享一些行业观点。

基于以上研究，基本可以形成一封以产品见解为主的求职邮件，并把长期的记录数据作为附件一并发给产品经理，争取面谈的机会。最好是产品有了新版本之后，产品经理时间相对充足的时候发邮件，这样对方有足够的时间跟耐心来查看你的邮件。一定要选择恰当的时机推销自己。

如果这个策略还行不通，可以再激进一点，在社交网站上把自己的账号逐渐塑造成产品的准员工，抱着一副非某公司不进的态度来呵护产品，不遗余力地与产品敌对用户“作斗争”，当然也需要讲究斗争策略，高水平的反驳才是王道。而死缠烂打，天天在公司下面举牌或者在没有预约的情况下就直接抱着简历嚷嚷着要面试的，会打乱别人的工作节奏，太过执着会让人觉得是一种负担。切忌！

4. 岗位明确，公司待定，你该如何做

虽然暂无工作，但如果你已经有明确的职业规划，在哪家公司起步不重要，只要将来能成为优秀的产品经理。这样你拿到工作的路径又会稍有不同。

首先你可以系统地学习产品经理所需的基本能力如数据分析、需求分析、原型设计，这个是大部分产品经理必备的硬技能；同时也要有意识地去培养作为产品经理所需的软实力，如沟通能力、协调能力、审美能力、领袖气质等。

硬技能可以通过产品经理书籍、产品相关的在线教育网站及垂直论坛进行快速学习，同时用这些基本的技能形成一套自己做事情的方法论，比如即使在学校里面开一个奶茶店，也可以按照这套逻辑去分析学生的口味、每个学生每周的奶茶消耗量、所能接受的价位、目前的竞争情况 、每天购买奶茶的时间分布图、用户反馈、有效推广渠道、粉丝群建立，一步步慢慢地实现自己的想法，让这些技能贯穿在自己的意识当中；而软技能则需要不断去复盘每天生活中的片断，思考其中的不足，形成自己的成长文档，见证软技能慢慢提升的过程。

定期参加产品分享，了解时下热门产品从需求挖掘到产品上线的经验，不断接受新产品的理念跟思想，也可以通过极客公园、多贝的精彩分享去获取这些知识。

尽可能多地去体验最新的产品，无论是APP还是网站或者用户，都要努力去尝试这些最新的产品，慢慢感受产品的发展趋势。如36kr及最美应用中分享了很多优秀网站和移动应用，都值得你去仔细品味。

参与产品圈的交流活动，如媒体、产品公益组织、热心网友组织的交流分享活动，逐渐融入产品圈，了解国内整个圈子的情况，也能更加明确自己想成为哪种风格的产品经理。同时加入一些高质量的QQ群，向群内的热心用户取经，筛选有价值的内容，提高学习的效果。最好能结识一些志趣相投的产品经理一起讨论学习，如果能遇到一位能力尚可、有足够时间且愿意指导你的导师那就更好了。

建立博客记录，记录自己如何用产品经理的思维把自己打造成为优秀产品的过程，影响跟你差不多的年轻人。

在博客中记录所读的产品经理书籍，分享这本书能给初学者带来的价值以及整本书中对产品新人而言相对难懂的点，最好以自己的亲身经历列出一个产品新人的必读书单。

在博客中分享所有你觉得有价值的文章，并用精简的语言摘录出其中最精华的点。

在博客中描述你对需求分享等各项目技能，如何从毫无概念到建立认知的过程，以及在学数据分享、原型设计中可能会遇到的“坑”。

分享自己使用典型产品的感受，从用户的角度来解析产品给你带来的价值，从产品的角度去解构为什么要这样设计。

除此之外，你也可以通过博客以外的其他形式打造自己在特定圈子的影响，为之后的求职获取筹码。

比如，你可以定向“搭讪”一些优秀的产品经理，现在很多知名的产品经理都有微博或者微信公众账号，关注他们的同时也可以不断地去“搭讪”他们。比如你会发现搜狗输入法之父马占凯在微博上非常活跃，但是粉丝的活跃度相对较低，你可以试着去评论他的微博，尤其是一些观点性的微博，你可以好好整理自己的思路在微博上不断与他探讨，在“搭讪”的过程中也能加速你的发展，同时“搭讪”的成本也很低。

随着微博活跃度的变化，有的产品经理阵地换了微信公众号，虽然微信公众号无法直观评判“搭讪”的竞争压力， 但是通过阅读量也能进行推测，通常情况下，公众号的阅读量有一半是通过朋友圈的分享带来的，这部分量基本无法带来评论回复，而在另外一半的订阅阅读中，通常互动消息量大的也就在3%左右，这就意味着你“搭讪”任何有微信公众号的产品经理压力都不会特别大。“搭讪”的时候也要谨记以学习为主，释放自身的价值，然后静待工作机会就可以了。

Chapter 8　百度校园招聘全解析（产品运营岗位）

2004年以实习生的身份加入百度，作为百度贴吧首任产品经理，打造了全球最大最热门的中文网上社区，使当年百度贴吧的流量占百度流量的比例从1%提升至11%；主导完成了百度知道、百度百科等社区类产品的设计。2007年任百度历史上第一个独立事业部的总经理，2013年7月晋升为百度副总裁。这就是李明远从实习生到百度历史上最年轻副总裁的传奇履历。期待参与百度校园招聘的你也能成为李明远第二，从加入全球最大的中文搜索网站，并成长为优秀的产品经理开始。

1. 严肃的面试从不严肃的人品说起

“人品说”由来已久，比如我们常念叨的“天时地利人和”其实也包含了人品的一层意思。

对于校园招聘，人品也相当重要：

比如恰好赶上你人品爆发，在网申时你的简历恰好没有被系统吞掉，或者提交简历的瞬间网站才瘫痪掉；笔试的时候恰好所有的行政职业能力测试题都是你在题库做过的；面试过程中，你遇到的面试官很亲切并且对你的经历特别感兴趣，然后你就有可能顺利通关拿到Offer……

另外你有若干个室友，其中之一在投递简历的时候被技术同学花了两个小时做的简历系统误删除；其中之一的笔试卷子被弄丢了；其中之一路上遇到堵车急忙赶到面试地点时心烦意乱完全不在状态；其中之一是学生会主席，恰好面试官以前是学生会副主席最烦的就是主席，于是各种被虐被刁难；其中之一正好遇到一个处女座的面试官而他正好是白羊座……结果就是，只有你因为人品爆发成为一匹黑马，拿到了Offer。关于人品外带逆袭的故事，在互联网行业的面试中永远都是常见的情况和话题。

人品从来都是自己争取来的。所以当你没有收到面试通知时不要沮丧，还要一如既往地努力去争取笔试；面试被拒了，还要继续满怀希望等待新的面试机会；面试时看面试官已经很困了，稍微开个玩笑说请他吃特产，吃完接着面，都可以转变一下自己的人品。总结完经验之后就让这事翻篇儿，投入到下一场面试中去。招聘季稍纵即逝，从9月到11月，大型互联网公司都完成了校园招聘。而春季招聘留下的岗位寥寥无几。

人品永远跟人有关系，如果你仅仅觉得人品是运气，你人品永远都不会好。

2. 细节决定成败不是说说而已

2013年百度校园招聘的网址还是tongxue.baidu.com，2014年却换成了talent.baidu.com，从tongxue到talent虽然只是一个二级域名的转变，但足见整个百度人才观的转变，从需要不同背景的优秀同学打造中文搜索，到提倡狼性之后需要才华横溢的人共创百度未来，对人才的招聘标准有显著提高。这个解释是否牵强不是重点，重点是你是否注意到了这些细节，细节决定成败，善于观察这些转变并加上恰当的分析才能让你走得更快更远。

（1）百度校园招聘官网宣传视频解析：

1）招什么样的人

百度2014年校园招聘网站上放了一个主题为《看见你的光芒》的宣传视频，感兴趣的同学可以在网上搜索一下，再度感受其中蕴涵的内容。整段视频透露了非常大的信息量。

她痴迷于新闻给她带来的快乐

他视图片处理为自己最大的爱好

她迷恋论坛管理的每一个瞬间

他把数据分析作为一生的事业

他对地图的热爱与生俱来

他将计算机语言视为一生挚爱

他能将图片的出处瞬间找到

他对音乐的敏感无人能及

任何公司的校招，不仅承担着招聘人才的任务，也肩负着传递企业文化的重任。作为其中最为重要的宣传短片，摄制过程必然相当严谨，从策划到台词到角色选定再到后期的剪辑推广，任何一个细节都不是随意安排的。在上述7个职位的描述中，仅有两个职位介绍是由女生出镜的。那为什么会有这样的安排？

像百度这样的门户网站很多编辑都是女性，女生做新闻编辑或者文章采编有着天然的优势。而在论坛管理方面，很多很火的贴吧都会跟粉丝团体相关，如之前流行的组合东方神起、Super Junior 还有最近很火的TFBOYS、EXO，他们的粉丝团中女性占很大的比重，让女生去管理论坛贴吧，更能把兴趣融入到工作中更好地为用户服务。所以这两个职位更适合女生。

此外其他几个场景的描述，则透露了他们对岗位的三个要求：

第一，你必须对未来想做的事情感兴趣。比如“他视图片处理为自己最大的爱好”、“他对地图的热爱与生俱来”。

第二，敏感度高。比如“他对音乐的敏感无人能及”。

第三，在感兴趣的领域中才华横溢。这个是完成所有事情的基础。

这三点是理想情况下他们最想招到的人，假如你恰好也有自己的兴趣点，且在兴趣点里面卓有建树，你的人品就爆棚了。

2）哪些事业部在招人

在宣传词中我们可以看到基本包含了七个产品部门，与新闻相关的是百度新闻；围绕论坛管理的归属贴吧；对地图事业的爱好则与LBS事业部比较匹配；你对图片处理非常钟爱可能更适合百度魔图及百度识图；把数据作为一生的事业与百度指数及百度统计会密切联系在一起；而对音乐的敏感无人能及可能更适合百度音乐。

紧接着宣传片中就提到了百度地图、百度新闻、百度识图、百度魔图、百度指数、百度贴吧、百度音乐这些产品。除此之外也会有其他岗位，但不会是招聘的重点。所以新入百度的技术包括产品经理、产品运营基本上都会围绕这几个部分走。

贴吧跟音乐这两个产品是百度最为成功的两个产品；百度地图则是近两年来百度在移动端势头最猛的一款产品；百度魔图也曾短暂引爆过朋友圈；与数据相关的百度指数及百度统计则是大数据来临时代最核心的数据产品，所以在这样的产品中投入大量的人力跟物力也是理所应当的。

这个分析反馈在笔试中的结果是，不少地区的分析题当中，都与以上我们提到的产品有关，通过简短的分享，都给之前的学生带来了很多的便利。即便非常不幸，校园招聘部在拍摄短片时并没有以上严谨的逻辑思考，也不意味着你的工作白做了，HR 在协调视频拍摄的同时，至少对以上的职位有更深的认识，如果你提前做好准备，就有可能与他们有更多共同语言。

3）在哪些城市招人

第一，你需要考虑的一件事情是在哪个城市参加校园招聘，假如你身在北上广，这个就不是问题。大型公司都会在这些城市举办宣讲会、笔试、面试，但是其他城市的学生就需要慎重考虑这件事情，计算其中的成本了。比如在西南地区，百度之前在成都跟重庆都做过校招，但是 2014 年之后就取消了重庆校招点，重庆的学生如果非常喜欢并适合百度，需要安排一下自己的行程赴成都参加校招。

第二，你要分析针对不同的城市是否有主场优势。比如北京互联网氛围非常好且百度总部也在北京，针对北京区域的面试会不会分配更多名额？具体到如果产品经理仅招 60 人，平均到你所在的城市仅为 5 人，而北上广深会远高于这个水平。假如你所在的城市没有特别知名的高校，虽然有宣讲会，但实际招聘名额可能只有 1 人，竞争压力相当之大。这时候你可以尝试去邻近城市参加他们的校园招聘。

第三，需要考虑有些职位仅在特定的城市招聘，比如与多语种游戏相关的职位，基本都放在北京或者东北招，因为这两地的韩语水平相对不错。而韩国的游戏水平相当之高，文化跟语言都比较相近的城市招来的学生，以后可以更好地借鉴他们的经验。如果你在杭州或武汉参加这个职位的招聘，也许你面试时那个职位的名额已经为零了。

第四， 如果你面试的城市不是第一轮举行面试的城市，你就需要在网上搜集一下其他城市的笔试和面试题，提前准备，增加人品。

3. 轻松化解百度校园招聘的竞争压力

入职百度的压力不可谓不大。首先从大环境来讲，最近几年，每年的毕业生都接近甚至超过700万人，而官方给出的就业率及薪资水平通常都非常不乐观。此外，加上数十万的海归，就业没有最难只有更难。相比700万的毕业生，百度每年招聘的新员工仅在1 000人左右，万分之一的录取率丝毫不亚于公务员考试。你每天醒来就有近710万个人在跟你抢公务员的职位，在跟你抢考研的职位，在跟你抢百度的职位，在跟你抢待遇更好的Offer，竞争意识是面试过程中必备的技能。

不管就业率高还是低，对于面试官来说招人是永远的烦恼。所以，大家不要被这个数据吓到，只要你足够优秀只要你有上进心，还是非常容易找到工作的。大三到大四期间我们都会很彷徨，因为会面临很多选择：到底是考研、考公务员还是找工作？假如找工作到底是去国企、私企还是外企？假如去外企是找一个互联网外企还是找一个金融行业外企？这些选择非常纠结。

第三方机构的一些数据显示，在毕业时，有清晰职业规划的人仅有50%，其中有20%的人立志成为公务员，另外还有20%的人在紧张地备考研究生阶段，剩下不到10%的学生把目光放在了国企或者外企，同时因专业属性的不同，立志进入互联网的人不到1%。有一个非常保守的数据，每年参加百度校园招聘的平均到每个城市基本上会有8 000到1万名学生，百度累计收到的简历在10万份上下。但是，其中有自信抱着必进百度的只有10%左右的人，所以实际上真正有竞争力的只有1万人不到，在接下来的面试中，你只需要成功干掉其他9 000人就有机会入职百度了。所以大家不要被数据迷惑，正视数据背后的真实含金量即可。

参加校招之前，如果你已经有明确的职业规划，有向往的行业及公司跟岗位，你会发现竞争的激烈程度会降低很多，同时目标明确之后，你准备的方向也会更明确，有更多的时间去为自己的目标做准备，准备得越充足，压力也就会越小。

4. 如何有效地进行网申

在几年前的互联网校园招聘中，网申的要求非常之多，学校、学历、成绩、实习经历、社团经历、英语计算机等各种证书、专业是否相关都有严格的要求，并且简历是机选加上人工筛选，通过率相当之低。

但是互联网公司马上就看到了其中的困境，首先从提升学生体验的角度来讲，投递简历并非是开始，只是一个注册的问题，用户的潜在价值还没完全激发出来，就被评判为垃圾用户是很难服众的。而且这还会给大家造成“百度门槛太高”的误解，致使优秀的人才流失。从百度自身的成本来说，他们已经做了大笔的预算，多增加一个教室多增加一张试卷的边际成本基本为零，既然对双方的利益都没有损害，为什么不让更多的人加入到笔试的环节中呢？

于是，百度校园招聘的网申内容逐渐变得非常精简。只有个人基本信息、紧急联系人、教育经历和英语能力还有其他外语能力，都是非常通行的基本资料，本身亮点特多的学生还没有办法通过网申得到良好体现。毕竟大部分应届生的项目经验含金量还是有待提高的。但这并不意味着网申你可以随意去写，因为这份档案会一直伴随着你的整个面试，还是要以谨慎、客观的态度去填写。

网申本身就是一件非常耗费体力跟网速的事情，网申内容非常繁杂，大部分互联网公司都不接收纸质或者发到电子邮箱的简历，你一天花很长时间也只能填 1 到 2 家公司的网申内容。所以建议在本地建立一个文档按照需求完善一份全面的标准简历文档，然后针对各家网申的不同填写标准，直接复制粘贴即可。

另外一点，网申开始时，也意味着你千军万马挤独木桥进百度的战役已经打响了，关于面试的准备时间安排，千万不要本末倒置。比如你面试百度，不要把 80% 的精力用到了解百度本身上来，这个没有太大意义。你只需要对百度有一定的了解，知道它是一个中文搜索引擎的网站，再深层次一点花精力去研究它的企业文化以及大事件就行了。大部分做校园招聘的面试官是来招员工而不是招 CEO 的，切记不要去谈论战略层面的问题，你要花 80% 的精力去了解你面试的职位以及面上胜任职位所需要的能力就够了。

5. 笔试过程中的常见问题及应对技巧

上文提到放宽网申标准是互联网招聘的大趋势，本着来者不拒的态度，面试过程中所有的竞争压力都会在笔试阶段凸显。笔试环节的竞争非常激烈，校园招聘的笔试环节是从来不会圈题的，考试的范围也非常宽泛，临时抱佛脚只能撞大运。通过一些数据推算，大部分企业校园招聘时笔试的通过率在 10% 左右，尤其是 BAT 这样的公司，因为参与人数过多通过率会越发偏低。如果你能从笔试冲到面试环节，你成功的几率就会翻倍，至少不会是炮灰。

通常情况下，上午参加笔试当天晚上进入面试的名单就会定下来，面试官的效率还是非常高的。

百度的笔试题以行政职业能力测试题跟论述题为主。行政职业能力测试题这块其实不太复杂，尤其是备考过公务员的同学完全没有问题。之前没有接触过的同学做一下历年国家公务员考试的行政职业能力测试题就行，重点放在“数量关系”、“判断推理”、“资料分析”这几部分就可以。

做行政职业能力测试的时候一定注意合理分配时间，有些比较变态的题目跟着感觉走就行，把时间留给后面的论述题更有意义。

除了行政职业能力测试题以外，论述题是整个考试的重中之重。我们以2013年百度校园招聘的论述题为例去解析一下论述题应该如何作答。

2013年校招笔试题

(1) 你认为百度知道、知乎和果壳网的主要区别是什么？

(2) “十一”来临，假定今天是9月30日，你手中有四件事要做，你怎么安排优先级？为什么这么安排？

1） 针对“十一”的活动专题需要制作上线

2） 大量用户投诉上月奖品未收到

3） 网站出现一个BUG

4） 需要制订下月计划、争取下月的市场推广预算

(3) 如果你来负责知道、百科、文库的官微，选择其一，从内容等角度给出具体的运营规划、分析目的。

(4) 你的梦想是什么，两年内你将做什么事情去实现它？

第一个问题是想知道你对时下热门竞品的了解程度；第二个问题是想知道你的自我时间管理意识如何；第三个问题是想考你对时下流行的营销

玩法的了解，第四个问题是想知道你的未来规划。

不管是产品经理还是产品运营，都需要懂产品和运营的知识，略懂技术，有明确的职业规划，善于自我管理。所以无论题目的具体问法怎么变，通过问题想了解你的哪些能力点基本是一致的。比如之前的细节分析中提到过百度魔图和百度识图可能会招人，根据他们的需求，题目可以换成“你觉得百度魔图跟美图秀秀的主要区别在哪里，它是如何运营的？”这个问题确实成为了百度 2014 年校园招聘产品运营的笔试题，具体题目是“分析百度魔图 PK 大咖为什会受欢迎？百度魔图产品团队是如何运营这款产品的？”所以从细节点出发去押题，命中率还是相当高的。

接下来，我们对每一个题目再进行深入分析。

第一题，你认为百度知道、知乎和果壳网的主要区别是什么？主要考你对互联网时下热门竞品的了解程度。但这种层面的问题即使是身在互联网行业的专业人士也很少能真正理清。实际上，只要你的逻辑清晰、层次分明，此外还能有一些你自己独特的观点，在他们心目中就会是一个很完美的答案。

逻辑清晰、层次分明，你需要从不同维度来阐述这个问题。

第一，产品角度。百度知道是互动问答平台，用户可以根据自身需求有针对性地提出问题，同时也是对搜索引擎功能的一种补充，让用户头脑中的隐性知识变成显性知识，通过对回答的沉淀和组织形成新的信息库，其中信息可被用户进一步检索和利用；知乎是知识、经验和见解的分享平台，一个真实的网络问答社区，帮助用户寻找答案、分享知识，在产品设计上，用户在社区内提出问题或解答，还可以通过关注其他用户、问题和话题来更好地发现内容；果壳是泛科技主题的交流、提问平台，致力于让科技兴趣成为人们文化生活和娱乐生活的重要内容之一。

这个回答相当保守，答案就是摘自他们各自的产品理念加以简单的叙述。即使你内心有一些想法，也只能保守回答。谁都不知道，改试卷的面试官是不是百度知道的产品经理，你作为浅度用户，考试时心血来潮的分析显然不会吸引他，倒不如点到为止，继续往下。

第二，运营角度。百度知道通过积分奖励机制发动用户回答其他用户的问题，同时与百度搜索完美结合，作为搜索结果的展现无疑继续刺激用户进行回答；而知乎的运营手段则是以TMT为切入点，通过邀请互联网大佬等核心用户参与确立起社区氛围，满足用户分享的欲望和建立个人威望的人性需求，并配合实时热点进行话题运营；果壳则是借助之道的科学松鼠会迅速积累起早期的核心用户快速发展起来的。

篇幅长短不是问题，点到关键点即可，比如积分激励跟个人威望和话题运营等，运营可以展开聊的东西非常多，很难完整叙述，所以简单罗列即可。

第三，用户角度。从用户角度来讲，百度知道几乎是有问必答，问题涵盖各个领域，通过悬赏有效缩短回答时间。同时百度知道也有更强的包容性，它强调每一个用户的价值，只要你愿意投入，都可以找到自己的切入点。百度知道作为搜索结果的一个补充，应用场景虽然相对单一，但也是不可替代的。而知乎与果壳给用户的感觉相对更阳春白雪一点，可以学习知识，但是难以融入。对用户而言，这些产品本身就是满足不同层次的需求，并不是非此即彼的竞争关系。

普通用户对两款产品的诉求有何不同，其实面试官也不能百分百确定，所以这个就可以成为你描述的重点，观点合理就会为你加分，当然，即使不能倾向性地赞赏面试公司的产品，也要以中立的身份评价，同时弱化对另一家的评判，毕竟你是在面试。

第四，未来发展趋势。百度知道将更好地与搜索结果互补，同时帮助百度建立健全的用户账号体系，而知乎会继续向着一个以知识为主的社区发展。

如果你碰巧没研究过这两个产品，对它们的未来发展趋势稍微提一下即可，毕竟，面试官对这种他自己都不确定的事情，要求也不会如此苛刻。

总结以上的答题思路，没有特别突出的地方，但是也没有特别暴露智商弱区的地方，同时整个分析的层次比较分明，从产品、运营、用户、产品定位、未来发展趋势等不同角度来聊，让面试官感觉到你思考问题有一些方法论，而且详略得当，基本上可以拿到80%的分数。

第二个问题“安排四件事的优先级”，是在考查你时间管理方面的能力。不管是针对产品运营还是产品管理，时间管理都是一个非常重要的技能点。我们都知道应该先把时间放在一个既紧急又重要的事情上。谈到时间管理这个话题，都会介绍“四象限”理论，时间“四象限”法是美国管理学家科维提出的一个时间管理的理论，把工作按照重要和紧急两个不同的程度进行了划分，基本上可以分为四个“象限”。第一象限是重要又急迫的事，第二象限是重要但不紧急的事，第三象限是紧急但不重要的事，第四象限属于不紧急也不重要的事。这个时候面试官希望你有这样的意识去思考，如何管理时间更好地安排自己的工作。最好把80%的时间安排在重要且紧急或者重要但不紧急的事情上，这样整个效率才能提高，但问题是如何区分重要跟紧急，标准是什么？

评判一件事情是否重要，首先跟你的工作岗位相关。假如你的角色是程序员，那优先级最高的问题肯定是要解决网站的 Bug；而如果你是市场部门的领导，首先的任务肯定是争取预算。足见，不同的人本职工作不同，对事情的优先级安排也不同。

这四件事情同时出现在一个人手中，显然这个人是产品经理，那产品经理考虑事情的顺序肯定是用户利益、产品利益，其次才是部门利益。

产品经理同时要考虑另外一个问题，就是大量用户投诉，大量用户投诉的前提是网站有足够多的用户，而相比于未能领奖的用户，一个拥有大量用户的网站出现 Bug 影响的是数量未知，损失无法估量，潜在风险巨大，所以属于紧急且重要的事情。用户投诉虽然也会影响到口碑造成公共事件，但毕竟这部分用户还是可以联系到的，而且投诉的是上月奖品未收到，尚属可控，所以其优先级稍低于紧急且重要这一栏。十一的专题属于产品利益，而推广预算则是部门利益，所以这个次序已经出来了。

当然整个排序不是唯一，只要思路行得通，顺序也可以跟着你的思路有所变化。

第三个问题需要你给出一个运营的规划，而且很人性地给出了分析的角度，其实这个角度更多是像一个坑一样把你的思维限定住了。普通青年一上来就会给运营规划，开始聊百度百科、百度文库的优势，比如文库是海量的资料，百科有一些偏僻或者热门的词条，可以做这样的微博专门去推非常偏的内容知识。稍微靠谱一点的会说，需要基于对产品的了解对账号做好定位，增加品牌曝光度吸引流量或者是活跃用户，每个思路都有不同玩法，根据不同的思路再来选取内容，同时把官微的思路换成做微信账号的思路也行得通。

面试官皱了皱眉，觉得这些方案似乎很有道理，但似乎又有很大的问题。这个时候突然出现了一个观点，搞定领导让其认识到微博带来的价值，争取到更多的关注跟资源投入，一语道醒梦中人。百度文库跟百度知道都有大把的粉丝，但是转发评论的数量竟然可以忽略不计，正是因为大家没有正视这个宣传平台，也没有形成鲜明的风格和定位，运营策略做得再好，假如没有提升到整个公司的层面上来，所取得的价值也是有限的。

第四个问题关于梦想和计划也很常见，基本上每一个面试官都会提到这个问题。回答这个问题的过程会跟你的三观联系在一起。他是想了解你的职业规划，一是能在公司待多久，另外最重要的是如何通过一步步的努力去实现自己的目标。比如你写的是希望做一个天文学家，这个很多人小时候都有的梦想，如果你希望做一个天文学家你在百度会待多久呢？另外，你过去、现在、未来都做了些什么或者打算做些什么来实现这个目标，也是相当重要的。

6. 一面二面三面，如何应对

行为面试法是基于行为的连贯性原理发展起来的。其假设前提是一个人过去的行为能预示他未来的行为，尤其是这些能力本身就源于你的习惯或者意识，比如我们之前提到的互联网特色简历的要素。面对缺乏工作经验的应届生，行为面试是面试官通过对面试者大学生活信息的挖掘以预测其将来工作表现的有效方法。很多企业选拔应届生都是看应试者行为面试的表现。假如你能了解面试官是如何通过行为面试来评判求职者的，你就能在面试过程中轻松做到知己知彼、有的放矢、掌握主动权。

首先，HR 会确定某个职位所需要的基本能力，比如产品经理需要具备产品敏感度、沟通能力、协调能力、数据能力、营销能力，针对这些不同能力赋予不同的目标品行得分，比如数据型的产品经理，产品敏感度与数据能力各 3 分，其他方面能力各 2 分。其次，在每个能力下面还要列清楚，0 分、1 分、2 分、3 分的标准是什么，并在面试过程中针对每项能力设计问题，或者在简历筛选过程中持续发问，来对一个人的能力进行判定。而在这个能力判定过程中，利用 STAR 即情境 (Situation)、任务 (Task)、

行动 (Action)、结果 (Resuh) 四个维度来进行回答，可以很好地化解行为面试中会遇到的问题，让你不至于暴露太多能力缺陷。情境，是事例发生的背景、环境；任务，是在一定情境下所要达到的目标；行动，是为达到该目标所采取的具体方法、行为；结果，包括积极的和消极的结果。事例一定要短小精悍、突出重点、契合问题。

比如面试官想知道你简历中描述的关于为学校本地网站做广告销售的经历。

你的描述如下："产品上线一段时间，流量稳定在 1 000 人次左右，于是开始与学校周边的商家商谈广告赞助的事情。一开始商家都不关注，但是通过不断地拜访，学校附近一家体育用品店的老板最后购买了广告，获得了一万元的收入。"

这个事例是行为事例，但是描述得不够完整。该事例有 S（网站有 1 000 流量但是商家都不关注）和 T （销售广告）；但是该事例中没有 A 即"求职者做了什么促使交易成功"；R 部分也不具体，即"对方购买了广告，但是是哪里的广告，为期多长时间"描述不清晰。而行动跟结果往往是大家关注的关键。

在行为面试过程中，非行为事例的描述也会不断遭受到 HR 的拷问。第一，含糊事例。如"我经常花时间去体验一些最新的互联网产品"。这里“经常”的表述很含糊，对“体验产品”这一行为的时间没有进行具体的描述。HR会继续对你求证“经常”是多久一次，利用什么渠道了解新产品，最近体验的新产品有哪些？第二，主观事例。如“我认为作为一个产品经理，把握用户需求是最重要的”。“认为”是一种主观的看法，并不能说明应聘者曾经有过该行为，也不能反映应聘者是否有这方面的能力，HR 会继续追问，用户需求如何把握？第三，道理事例。如“要开发一个新的产品，首先我会做市场调查……然后我会发布原型”。“会”是用得最多的词，它说明求职者的论述是基于某种理论或假设。但 HR 关心的不是应聘者是否知道这些理论，而是应聘者是否具备这方面的能力。他会继续追问，能不能分享一下你发布一个新产品的案例？面试过程中，被 HR 追问或者打断，会让面试气氛变得紧张，之前准备好的答题思路也会受到影响，所以尽量用 STAR 的维度来回答。

通过行为面试的方式，求职者的能力会在面试过程中客观地显示出来，对于想扬长避短而伪装的同学无疑是一场噩梦。但是很显然，只要你在面试过程中真实展示，情况就不会那么糟糕，因为你接触的大部分面试官都不是职业 HR。比如在校招的时候，你一面到终面的面试官可能都是业务方面的面试官，只有最后的 HR 面中才会与专业的面试官交锋。而业务方面的面试官在面试过程中，显然没有成熟的理论去判断一个人的能力，他们更多的是从经验出发，所以在互联网行业只要你知道一些原则掌握一些技巧，整个面试的难度其实没那么大。

所以面试时你需要大概判断一下是谁在面试你，是HR还是一线员工。HR面试在百度校招中通常是最后一面，而在社会招聘中往往是第一面。HR更在意你各方面的能力是否符合公司的预期，而一线员工考虑的问题则会相对单纯很多，就是你能给团队带来多大的价值。出发点不同，面试时的问法也会截然不同，HR希望你详细描述过去的经历，从经历判断你的能力；而业务面试官更多是听你的观点，从你思考问题的方式来判断你的能力。

面试通常以自我介绍开始。自我介绍能有效地缓解气氛，同时给整个面试定一个基调。两年前凡客体的自我介绍风靡一时，一年前高端大气上档次、低调奢华有内涵的自我定位会让面试官眼前一亮。如果能把时下的互联网元素跟段子有效地融合进去自然会为你加分不少。针对面试时间的不同，留给你做自我介绍的时间是不可控的，所以你需要有30秒、1分钟、3分钟、10分钟几个不同版本的自我介绍，以便能在不同的面试要求下都能自由发挥。自我介绍时简历上面已有的内容点到即可，尽量从另外的角度来讲述自己，提供给面试官更多可聊的话题。

自我介绍之后，面试开始进入问答环节。面试问题的核心基本是聊过去、现在跟未来，针对你过去的经历刨根问底，针对你现在的能力做综合评判，针对你未来的潜力跟职业规划了解你与公司的匹配程度。所以一开始面试的问题基本都与简历和自我介绍相关。80%的面试官都会就你简历上的经历刨根问底，假如你有管理贴吧的经历，面试官会问你“你在玩贴吧的时候，感觉贴吧的活跃度怎么样啊？”或者问“你用什么样的方式来宣传过贴吧？”根据你简历中他感兴趣的经历一点点深挖。

所以，针对这一点，你要把简单描述的经历单独拿出来，在心中丰富成文。以STAR作为文章的主线，从产品、运营多个视角去剖析这段经历，用数据分析及对比的手段更好地展现与数据相关的表述，同时不断优化其中的逻辑。之后再不断压缩，删掉无用的信息，组织一个标准的答案。

聊现在一般是简历中的话题已经进行不下去的时候做出一个假设性的问题，如笔试中的问题，假如说现在让你管理百度文库的官方微博，你会怎么做?

这个问题就可以用我们之前提到的万能型模板来回答，如首先让领导及团队认识到微博的价值并寻求更多支持；第二，给官微做一个定位并确立目标；第三，寻找产品上面的支持，如微博开放平台的功能开发更好地服务粉丝；第四才是微博营销如何做。

聊未来则是想知道你的职业规划，对进入公司获得这个岗位的意愿到底有多强，如果兴趣相对较低或者岗位跟你未来的规划不符，面试官也不想浪费你的时间。第二点是想知道你怎么去实现你的未来规划，空谈梦想而不寻求解决方案是没有意义的。大家有没有觉得笔试阶段和面试阶段的问题其实是一样的，只是从不同的角度再阐述这样的问题。所以通行的模板非常适合。

Chapter 9 百度产品经理的职位及对应能力要求

产品经理这个概念最初是指对产品有主导权的人，这个人通常对产品设计、技术实现及运营推广全面负责。但是随着乔布斯走上神坛，随之而来的互联网新人追捧、行业人士热炒、公司为了更好地招人，产品经理这个岗位定义便被模糊了。甚至刚毕业的应届生都被冠以产品经理的Title招进公司，以至于产品经理一度泛滥。随着互联网的快速发展，分工逐渐细化，产品经理这个称谓逐渐回归理性，现在提到产品经理更多是指可以参与到产品规划及设计工作的一个岗位，现在的产品经理无法直接支配技术团队，运营也有单独的管理运作体系，视觉/交互/用研又拆分出来了UED部门，它们各自由资深人士带领，共同为产品负责。

1. 百度对新招的产品经理有哪些要求

以下为百度2014年暑期实习招聘中对产品经理岗位的描述。

工作职责：负责百度各类用户产品的产品设计和策划工作

工作内容：关注并分析互联网用户行为，能从用户行为中发现所负责产品的潜在用户需求；针对用户需求进行研究，并设计出相应的产品功能；与其他团队密切配合工作，推动产品功能实现并取得预期的效果；对产品进行数据分析，验证产品的健康状况并及时发现产品的潜在问题；跟进用户反馈并与用户交流，深入了解用户的心声。

职位要求：

本科及以上学历，专业不限，有计算机相关专业背景者优先；

热爱互联网，对互联网市场的敏感度高；

对用户需求有正确的理解和判断；

注重细节，具备针对用户需求设计出优秀产品的潜质；

拥有良好的沟通和协作能力，思维活跃、领悟力强、乐于接受新鲜事物。

百度2014年暑期实习招聘中对产品经理岗位描述包括三部分内容，

第一部分是工作职责。工作职责即负责百度各类用户产品的产品设计和策划工作，这个相较于之前百度的产品经理定位又有了进一步的划分，之前的职责划分中包括产品设计、策划及推广相关的工作，现在的定位进一步明晰了以产品设计和策划为主，并在工作内容中做了进一步的说明。

百度产品经理的第一要求是挖掘潜在的用户需求。什么是潜在需求？潜在需求就是产品现在能提供给用户的功能与用户想要的功能之间的差距。而你的任务就是不断寻求这个差距，在用户还不知道自己还想要什么也不知道这个差距是什么的时候，你能创造出一些功能让用户对产品更加爱不释手。比如你在热恋之中，你的恋爱对象觉得你与自己理想的伴侣有差距，而你能在跟他/她相处的过程中清楚地发现这些差距并努力将其缩短，这就是挖掘需求并满足需求的过程；或者你的恋爱对象对你很满意，但是你觉得在各方面仍然有进步的空间，比如你之前不会摄影，你觉得学会拍照能给女朋友更多的惊喜，能在旅游时留下更多回忆，于是你通过苦练摄影和美图技巧获得了新技能，拍出了美美的照片，果然她很满意，对你的依赖程度大大增加，这就是创造需求的过程。

第二是研究用户需求并设计出相应的功能。当你发现用户在使用产品时有很多建议跟不爽的时候，你要去分析这些不满的深层次原因，并设计方案解决。

第三是与其他团队合作推动功能实现。了解需求的深层次原因及优先级并设计出相应的功能之后，你还要与其他团队的成员合作，共同让功能实现并取得效果。比如你正在追同院系的校花，你知道她的理想类型是篮球高手，所以你决定把自己塑造成这样的角色。那么，你需要协调“技术”同事篮球队队友打比赛的时候以你为核心，让你有更多出手的机会；同时要协调对手适度放水；协调“设计”同事把你设计成为追风少年的形象；协调“运营”在校花的朋友圈中营造你是一个篮球高手的形象；最后，你还要制造一个浪漫的邂逅赢得女神芳心。当然，这样做太过刻意，只为说明一个道理。

第四是对产品进行数据分析。设定核心指标，监测产品的发展趋势，并拿出应对策略。比如你已经成功追到了女神，于是你制定了跟女神感情状况的指标，比如每天见面的时间、牵手时间、通话时间，持续监测这三个核心指标，你发现见面时间这个指标在持续下滑，紧接着其他两个指标也在跟着下滑，整体健康程度在下滑了，于是你有所警觉，开始寻找原因并改善这些指标。

第五要了解用户心声，不断听取用户的想法。

百度产品经理的工作并没有那么高大上，没有任何工作经验的你，其实一直在不知不觉地使用百度产品经理的工作方式处理你的生活。工作源于生活，创造力也源于生活。不断挖掘生活中的细节及生活中的方法论，你会发现，你已经是一位符合百度预期、算得上一位经验丰富的“产品经理”。

2. 百度产品经理需要具备哪些能力

仔细分析百度产品经理所需的基本能力，首先学历的要求你可以直接忽略，除了名校以外，大部分面试官是分不清哪些是本科哪些是专科的，所以直接开始投简历面试吧。

你会点击百度搜索的竞价广告，你会为游戏付费，你的大学时光一直有美剧韩剧的共同参与，你会在电商网站上买性价比高的日常生活用品，互联网俨然已是你生活的一部分。所以从热爱层面来说，你丝毫不输给面试官，你投入的时间跟金钱是互联网公司蓬勃发展的根本。在此基础上，如果你还知道百度会因为你点击过竞价广告而获得收入，同时百度在 2014 年第二季度总收入为人民币 119.86 亿元，同比增长 58.5%，其中网络营销收入为人民币 118.37 亿元，活跃网络营销客户数量约为 48.8 万家，那么你对百度的热爱及互联市场的敏感度基本就可以与面试官持平。

对用户需求有正确的理解和判断。假如你能按照我们之前说的方式尽可能多地去搜集面试官的信息，并按照职位面试的能力点及产品经理必备的技能点去组织答案回答面试官的问题时，至少在你们的对话当中，面试官已经意识到你基本符合他的需求了。

注重细节、拥有审美和设计能力、拥有复合型背景是你设计出优秀产品的基础。

细节没有细到面试时要注意地上的纸团，但至少简历中不能有错别字。

而审美和设计能力在你的简历排版上就能反映出来。所以如果你用 PS 设计出的简历比别人用 Word 做出来的都差，那面试时高下立判。没有人要求你设计出多么优秀的原型，但至少对设计水平要有一些判断。

复合型背景常常能在产品设计中带给我们更多的灵感。对于上个月可能会做 Web 产品、这个月可能做移动端产品，昨天还在研究教育类产品、今天老板可能就让你做社交产品的岗位角色来说，拥有复合型背景可以在面对这些重大转变时更好地适应。同时，专业之外其他学习经历也能迅速反映出一个人的学习效率，也有利于角色的不断转变。

沟通能力是在你尚未拥有太多资源时，通过自身的气质也好，说服能力也罢，为争取更多的资源来推进自己产品的一种能力。正如你没有权利要求面试官录用你，但是你可以说服他让他非招你不可，这就是沟通能力的体现。

思维活跃、领悟力强是在工作中需要有的借鉴意识，领悟力是产品经理标配的能力之一，我们所有的能力点都可以在及格水平徘徊，但领悟力必须要高。所以在借鉴时，如何更好地把逻辑复制过来同时又让自身产品显得富有创新力，这就是领悟力强的体现。而这样的能力在我们写毕业论文和考试过程中已经得到丰富的锻炼了。

产品经理要有自己的判断，能坚持，乐于接受新事物。产品经理是非常孤独的，因为在通往成功的道路上，你永远是走得最远的，所以你的想法经常会被别人看作不靠谱或者信口开河，这就需要我们对自己的判断有信心。所以即使跟面试官就一些问题发生争执的时候，始终要恪守自己的观点，不要太过轻易地被说服甚至被洗脑。能够不断冒出新的问题为自己的观点辩护，假如面试环节已经变成面试官不断地向你解释以取得你的认同时，你已经赢了。

3. 产品经理的职业发展之道

经过各种笔试面试环节，你终于成为了产品经理，开始了你的产品经营之路，但你拥有的只是一个 Title。首先你做的实际上只是产品专员的工作，包括市场调查、用户调研、原型设计、数据采集等工作。

产品经理从来不论资排辈，不是说你做了两年产品专员第 3 年就可以自动转为功能型产品经理，做了 10 年的功能型产品经理第 11 年就能做自我主导型产品经理，你只能靠能力得到晋升。

技能可以学习，素质却难以培养，所以从产品专员到功能型的产品经理相对来说比较容易。当你的技能点如数据能力、分析能力、原型设计能力得到提升之后，你会逐渐成为一名功能型产品经理。如同大部分的产品经理一样，你可以协调公司的资源、技术、运营、设计，按照公司的战略意图去做产品，或者是负责产品环节中的某一个小版块。

刚刚讲的百度产品经理特质中，假如你任何一点有所欠缺，产品经理对你来说只能是一个职业而无法成为你的事业。产品经理的晋升其实是在不断地进行自我突破，只有你自己的沟通能力、协调能力、领悟能力、创新能力、组织能力、领导力、艺术气质都爆棚时，你才能进化为真正的产品经理，成为自我主导型产品经理。自我主导型产品经理就是实际成品负责人，也是未来最容易成为 CEO 的人，他们对产品有绝对的控制权，可以完全按照自己的意图去设计产品，比如我们的大神乔布斯、张小龙。

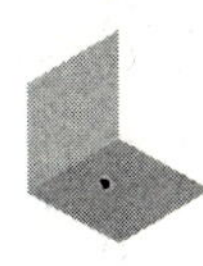

Chapter 10　百度产品运营的职位及对应能力要求

相对产品经理而言，运营岗位的需求量通常会更大。运营方面所有的职位加起来大概有20多种，如用户运营、产品运营、数据运营、内容运营、活动运营、商家运营、品类运营、游戏运营、网络推广、媒介运营、新媒体运营等。不同组织架构的公司里，对运营的依赖是完全不同的，比如在产品驱动及技术驱动的公司，运营的话语权基本为零，各种不合理的工作、KPI、用户责难一般都由运营承担。但是在大公司里，事实已非如此，周鸿祎说过：好的产品是运营出来的。加之随着创业技术门槛的降低，产品复制成本的降低，运营往往成为大部分产品竞争壁垒的构建点，所以各公司对运营的要求及运营本身的地位还是在不断提高的。

1. 百度对新招的产品运营有哪些要求

北京—实习产品运营（百度2014暑期实习）

工作职责：负责百度各类用户产品的运营工作

工作内容：

项目开始前对市场需求进行调研，设计产品，制订一系列完善的产品整体运营规划并执行。

产品上线后，检测市场发展动态，进行数据跟踪分析，根据数据效果，推进产品的改进和营销策略的改变。

顺利且有效地完成商务谈判，策划合作项目计划并有效执行，为双方带来良好效益，且和合作伙伴维持长期友好的合作关系。

对网络推广、渠道运营等情况跟踪，收集市场信息和竞争信息，提出推广运营思路、做出分析报告。

结合产品推广或是品牌宣传，策划活动营销方案并有力执行，尽快达到提高产品和品牌知名度的目的。

职位要求：

熟悉网站产品和各类营销手段，对市场动向有较高的敏感度；

熟悉和热爱运营工作，具有良好的沟通技巧；

热爱项目跟进、资源协调等整合类事务，喜欢策划推广；

对产品周期流程、设计、策略、分析、理解、评估、执行均有浓厚兴趣者优先，有社团活动类经验者优先。

以上是百度2014年暑期实习招聘中关于产品运营岗位的职位描述。详细研究一下这个职位描述，运营已经不是简单的边缘职位，从之前协助产品经理进行产品的运营推广转变成了独自负责各类用户产品的运营工作，并且工作内容中还包含了与产品相关的工作，与大部分应届生对产品经理的工作预期基本相同。

“项目开始前对市场需求进行调研，设计产品。”在调研层面对产品经理的要求是“从用户行为中发现所负责产品的潜在用户需求”，可见产品经理的重心集中在已有的用户，而产品运营的调研方式则放在了市场需求层面，更多的是集中在潜在用户身上。运营人员接触调研并进行需求挖掘，有助于其更好地了解产品价值，运营的本质就是传递产品价值，当运营能充分理解产品意图，加上对潜在用户的需求挖掘，所设计的推广规划才会更接地气，同时能更有效地向用户传递产品最本质的价值，吸引更多高质量用户。而高质量的有效用户则是用户数、活跃度、营收源泉，更是产品成功的基础。

对市场需求进行调研并设计出产品的概念大家同样不陌生，假如在学校折腾过创业项目如在宿舍中开办临时小卖部，同样要用需求调研的方式定位目标用户、消费水平并确定品类的选择。大一学生更多的业余时间会放在学习及社团活动中，大四的学生则在忙着找工作考研，相对而言，大二大三的学生宅在宿舍看片玩游戏的比例更大，生活的半径也更小，更倾向于在本宿舍楼内消费。而此部分学生经过大一的过渡逐渐适应了大学的消费水平，更加接近平均水平。关于品类，以充饥为主，同时游戏点卡、饮料也有蛮大的市场。在用户、消费水平、品类方面有了初步的思考之后，你肯定会找不同楼层不同年级的学生去求证自己的想法，并了解除此之外的其他信息，以从中总结出更多有价值的信息。

第二项能力就是制订一系列完善的产品整体运营规划，这个运营规划主要包括三点即用户、活跃度、营收。创业店面即是你的“互联网产品”，所以你需要考虑第一步怎么让更多人知道你的产品、成为你的用户，发传单、制作网页、在宿舍楼做展台、在校级报纸做广告、论坛贴吧中发软文都能获取一定的用户，挨个测试后选取最为适合的渠道投入更多的人力及时间以获取更多用户。之后你考虑的问题是如何让学生重复消费、成为活跃用户。你可以玩积分系统，最简单的如消费五次以上可以奖励小礼品，一次性购买金额超过一定的量可以打折或者直接送到寝室，老用户可以打白条或提供信用担保都能有效地提升用户的体验、提高重复购买率。此外还要提高营收，在品类方面有所舍弃，适当在价格上做出调整，提高库存流转率。

第三项能力要求就是产品上线之后，检测市场发展动态，进行数据跟踪分析。结合之前的调研，你选取了品类，并制订了产品的价格策略，但这些是否是最优的方案，用用户的实际消费数据就可以进行有效衡量。这个时候你需要设计一些数据检测指标，比如每个商品每天消费的量，同类不同价格的商品消费的不同量，商品价格的变动与消费量之间的变化，通过实际的数据反馈来重新确定品类及价格。同时针对不同时段的访问量，会不会出现峰值导致服务器宕机，是否需要有效增加服务器，保证在几个消费的高峰用户都可以最快地买到商品并结帐。同时通过数据预测提前进货，保证货源充足。

针对不同的营销渠道，你可能会设置不同的首次优惠活动，如通过传单过来的消费者可能在购买方便面的时候有优惠，而通过贴吧论坛营销渠道过来的消费者则会在首次购买可乐的时候有优惠，这样就设置了有效的数据采集方式。通过时间、金钱与转化效果的对比，你就会选取有效的渠道进行推广，降低在无效渠道中的投入，提高推广的效率。同时，针对同一渠道，你也可以继续去优化推广效果，比如同样是发传单，美女帅哥发的传单是否比普通青年发的传单更有效果？不同的优惠力度是否能提升转化等方式，看是否可以让渠道的效果达到最优。针对不同活动旨在提高用户活跃度的购买方面，同样可以设置路径，更好地检测效果，如老用户回馈计划、针对用户积分差异兑换不同礼物，同时设置最高奖，能不能提升购买频率？

接下来是商务谈判。举一个简单的例子，你在经营小店，隔壁宿舍楼也在经营这样的小店，他们在人员上面阻扰你，防止你扩展到他们那栋楼。但是你要形成高覆盖率，让学校的学生都用你的产品，可能就需要跟他们进行一个商务谈判，我们一起合作把这个市场做大，用并购或股份的形式把项目推进，这个就是商务谈判的一种表象，最重要的是给双方都带来了良好的效益。

第五点是对网络推广、渠道运营等情况跟踪，当你开始不满足发传单和贴广告等形式之后，你开始采用一些网络推广的方式。比如利用学校的论坛及贴吧做一个关于女神最爱吃的零食排行榜，恋爱必备零食等帖子吸引更多关注。或者直接开设微信公众账号提供微信订购方式。渠道运营，假如你有商品，学校贴吧有资源、社团有用户，你把贴吧、社团发展成你的渠道，让他帮你去销售产品而你只要统一供货。收集竞品信息，当你的产品足够流行之后，可能会有创业者在其他的学校复制这个模式，那你要主动收集他们主打的品类、他们的玩法及他们的市场定位等，找准他们的软肋，同时学习他们的创新点。

接下来是结合产品推广或品牌宣传来提高产品和品牌知名度。现在你的产品有名且在持续盈利，但你考虑的不仅仅是盈利，而是希望自己同时成为学校的风云人物，得到更多人的认可，也希望自己对产品的理念价值被人认可。你会考虑赞助学校的品牌活动及爱心捐款等活动。

所以运营这个职位同样是很接地气的职位，大部分人在大学里面的做事方式及创业经历都可以与百度招聘时对产品运营岗位的要求相近。把自己这些经历按照这样的思路解析一番，你就是一个好的运营经理。那你还需要什么样的实习经验呢，你根本不需要实习经验，因为这些亮点在你的简历里面、在你跟面试官沟通的过程中都能表现出来，没有什么可担心的。

2. 面试产品运营需要具备哪些能力

同样的经历用不同的思维方式进行表述，虽然只是简单的转换，但却是完全不同的意识体现。而市场、产品、数据、营销的意识在你的经历中通常也都会有，如何用面试官更容易接受的方式进行表述才是你在面试过程中游刃有余的关键。

我们刚刚做了一个综合分析，你会知道运营需要市场判断力。比如你做兼职，是选择去卖电话卡还是卖报纸，这就是一个抉择的过程。而这个过程需要你有一定的市场判断力及自我认知能力，回想你每个重要过程的决策，也许你会发现自己分析市场趋势的思路。

第二是营销能力，单纯去讲你用过微博微信做宣传，这是远远不够的，还需要有完整的营销思路，比如账号定位、内容定位、数据监测、效果改善，这些细节点往往比你最终取得的成绩更重要。策划活动也是一样，策划100场校园活动跟策划1场校园活动又有什么区别？重要的是过程如何，你担当的角色如何。

第三是渠道整合能力。比如你动不动就为班上的同学谋福利就算。数据分析能力刚才也说到，不一定是PV、UV这些专业数据才算得上是数据，分析不同专业的男女比例，选择男女比例最低女生质量最高的班级参加他们的活动，也是一种数据的意识体现。

3. 产品运营的职业发展之道

产品运营跟产品经理一个明显的区别是产品经理是一个自我突破的过程，而产品运营是一个职位突破的过程。你从产品专员到运营经理到运营总监是职业路径的晋升，你做了两年专员之后各方面的资源积累到了一定程度，或者是某方面有较强的能力，你就可以升任为运营经理。做了两年运营经理之后，在市场判断力、营销能力、策划能力中只要你对其中之一有足够多的理解跟认知，你就有机会升任运营总监、市场总监、渠道总监、数据部门分析总监等。职业发展前景会很宽阔。

Chapter 11　腾讯校招前奏：信息收集及分析＋职位解析

应届生选择腾讯的理由简直太多了。腾讯是中国首个市值超过千亿美金的互联网公司，位列全球互联网四强、规模比肩四大银行；有最酷、用户平均使用时长名列前茅的产品微信及QQ；有健全的员工培养体系，完善的薪资体系；最重要的，毕业时入职腾讯会很有面子。

1. 你加入腾讯的几率有多大

腾讯每年的招聘规模基本在1 000人左右，2010年至今，腾讯的招聘人数基本维持在这个规模，具体数字会根据每年大环境的变化及战略进行调整，但基本会稳定在700人到1 300人之间 。在“大街网”通过求职意愿与拿到Offer写面试经的数据来看，腾讯每年招聘的应届生当中有60%的学生来自于“985”院校——平均到每个院校的名额有17人左右，如果你是“985”的学生，那么你进入腾讯的机会大概有0.17%。如果你是“211”而非“985”院校的学生，基本上平均到你的学校会招4个人左右，平均到你个人身上的几率是0.04%，那假如说你是非“211”的学生，平均到你个人身上的机会就只有700万分之100了。立志进入腾讯的同学听了如上的简单数据统计之后，是不是感觉直接被秒掉了？

但现实往往没有这么残酷。在我们生活的圈子里，有80%的毕业生是非计算机相关专业的，或者对互联网远不如我们这般感兴趣；有10%的学生所处的城市不在腾讯宣讲及面试的城市之列；另外有5%的人因为竞争过于激烈已经选择放弃；还有 4% 的人可能没有做好面试的准备；0.9% 非常有竞争力的人已经申请好了全额奖学金出国深造或者直接步入仕途；0.09% 的人会选择苹果、谷歌、Facebook 等国际一线的互联网公司；而你正好在剩下的 0.01% 的群体当中，那么恭喜你，作为 710 万分之一的你基本上就有 100% 的几率进入腾讯了。看到这个数据有没有一点激动？

其实重要的从来不是你成功的几率到底有多大，而是你用什么样的心态去面对竞争，你认为自己存在于 700 万之 100 这个群体当中，还是拥有 100% 的几率进入腾讯，从心态上便高下立判。而成他人不能成之事的自信是互联网从业者的基本素质，挑战这个词也是互联网最大的魅力，校招面试只是入行的第一个环节，所以调整好状态开始战斗吧。

2. 哪些因素有助于提高你面试成功的几率

面试前的信息搜集对面试的帮助不言而喻，在百度校园招聘的解析中，我们也分享了诸多案例来解释搜集并处理相关信息的重要性。腾讯 2013 年校园招聘的宣传视频当中，主要是从工程师、设计师、产品经理、游戏策划四个角度来谈如何从应届生变成腾讯员工的。

工程师强调的一点是：努力看懂之前看不懂的书籍，有一个工程师因为准备了一个 100 多页的技术文档而打动了面试官，这一点与腾讯校园招聘的 Slogan（品牌口号）“要找到努力学习的人”非常贴合；

对设计师而言，良好的思维逻辑性更有助于他们参与产品的设计。尤其对腾讯这家以产品为主导的公司而言，它需要设计师有很好的逻辑性思维，不懂产品的设计师永远无法理解产品的精髓，也就不可能做出好的设计；

产品经理这个职位强调更多的一点是你要关注互联网特别是腾讯的动态。这一点是不管面试哪个公司的产品经理都要去掌握的一点。另外一点则要求你在了解互联网产品以及腾讯产品的同时融入自己的思考，你要有自己的立场跟观点，要明确你是在为自己做产品，而不是为老板和公司；

至于游戏策划这个职位的定位显得尤为重要。你是否由衷地喜欢游戏，是否对游戏的策划有自己的理解，并且基于对它的兴趣及理解从中提炼出更适合的方法来进行策划。

腾讯校招的视频中透露出来的表面信息比百度少很多，但实际上却告知了应聘者每一个职位所需的特质，即努力、逻辑性、思考、见解、立场，这些基本元素是腾讯员工所必备的。

3. 必须了解的腾讯发展简史

腾讯曾一直被诟病靠抄袭压迫创业者。但在3Q大战之后，腾讯进行了反思。近年来，腾讯开始对创业者进行了开放合作的态度，从强势资源如流量、关系链到资本进行了多方面的合作。

2013年9月16日，腾讯在港交所发布公告，宣布与搜狐及其他独立第三方签订认购协议，向搜狗注资4.48亿美元，并将搜搜和QQ输入法业务与搜狗现有业务进行合并。腾讯入股搜狗后，团队也进行了较大的调整：问问、百科、输入法业务和团队整建制进入新搜狗公司；搜索技术部、搜索产品部的北京团队进入新搜狗公司“三个月融合期”——三个月内仍然是腾讯员工身份，三个月后进行双向选择；深圳和成都的其他搜索团队留在腾讯，成立“托管搜索部”，劳动关系不变。

2014年3月10日，腾讯与京东联合宣布，腾讯入股京东15%，双方资产将进行整合，腾讯支付2.14亿美元现金，并将QQ网购、拍拍的电商和物流部门并入京东。易迅继续以独立品牌运营，京东会持易迅少数股权，同时持有其未来的独家全部认购权。

2014 年 7 月，腾讯网络媒体事业群将深入布局媒体全产业链。这次战略调整正式宣告了微博业务被腾讯战略放弃。腾讯微博产品技术全部先被安排到网媒产品部；微视成立事业部，负责微博的总监调任微视；腾讯微博从此不再做新功能，只维持基本的运营；深圳部分研发人员初定去做腾讯视频的客厅项目等。

以上的两次并购和一次战略调整只是腾讯内部变革的冰山一角，但已经影响到多个部门上千名员工的命运，今天你还领着腾讯发的工资，明天可能就得拿着其他互联网公司的工卡去另外一个办公室上班了。互联网公司不管大小都充满着危机和变数，任何公司都给不了你安定，入职越大的公司，越要有强大的危机感。所以从面试开始，就要了解公司每一次战略架构的调整，才不至于被淘汰。

4. 腾讯 2014 年校园招聘非技术类职位解析

腾讯 2014 年校园招聘的非技术类职位分为业务类与职能类，其中职能类的职位包括财务管理与人力资源，这两个岗位均要求财务及人力资源相关专业，招聘人数有限，工作范畴与传统行业的工作内容相近。业务类岗位包含五大类：产品策划和运营、游戏策划、内容编辑、营销和销售、战略。

产品策划分为两类，一类是产品研发策划，主要是针对市场需求，以细分市场为基础，形成产品开发的整体思路，以期拓展新的增长点；另一类是产品营销策划，即谋划通畅的营销渠道、持续获取用户并保持用户活跃度，同时塑造良好的品牌形象。

腾讯 2014 年校园招聘产品策划 / 运营的岗位描述

岗位描述：

从事腾讯旗下某一个产品的设计 / 策划 / 运营工作，为亿万互联网用户设计最优秀的互联网在线生活服务，追求用户价值与公司经济效益的双赢。

岗位要求：

专业不限，本科及以上学历。

对互联网产品极度热爱，怀揣着做出最优秀互联网产品的梦想，具备敏捷的洞察和思维能力，并且有把思考变为现实以不断满足用户需求的勇气和能力。

优秀的创造力、想象力、逻辑思维与系统分析能力，突出的文字组织能力和沟通能力同样是我们对你的期待。

腾讯的产品经理往往具有业界一流的产品嗅觉和工作经验。在产品的策划、设计、开发、运营、推广、市场等各类工作中，腾讯的产品经理都有身体力行的参与，其执行力是业界公认的。腾讯2014年校园招聘对产品策划及运营的岗位描述自2010年至今都没有较大改变。而在腾讯2015年的校园招聘中，这个职位将由产品策划及运营改为产品培训生。无论产品策划还是产品培训生或者是产品经理，Title其实并不重要，重要的是你进入这个岗位之后，能迅速承担起这个岗位所要求的各项责任，根据公司战略协调多方资源，推动产品达到计划的目标。

腾讯的产品大部分都是平台级产品，所以他们的产品经理也要有非常强的战略思维和规划能力。平台级的产品经理要考虑的是多方利益的平衡，包括用户价值与公司经济效益之间、内部部门之间、短期利益与长期收益之间、局部和整体等各个方面。这就要求产品经理具有较高的战略思维和规划能力。而初入职场的应届生，没有亲历平台级产品的诞生过程，很难从理性上建立起认知，所以需要极具潜力。

腾讯内部有上千条产品线，而在校园招聘中，由哪些业务线上的同事负责面试，又有哪些产品线有招聘需求等诸多重要信息在岗位描述及宣讲会中并未清晰描述，无形之中增加了应届生的面试难度。在很难搜集“竞品”信息的情况下，如果你能一方面排除万难搜集到零星信息，另一方面又能根据这些信息做相对准确的判断，同时提前准备好面试内容，无疑反映出你具备做产品经理的潜质。

极致心态。把产品做到极致是腾讯产品经理一直崇尚的理念。马化腾在内部分享中也特别强调了对产品核心能力的关注，他表示，任何产品的核心功能都是帮助到用户，解决用户某一方面的需求，如节省时间、解决问题、提升效率等。产品经理就是要将这种核心功能做到极致，通过技术实现差异化。而作为面试当中的准产品经理，从简历开始到面试时的表现都需要拥有极致心态，根据产品经理岗位的需求不断地去优化简历，用互联网的思维方式去组织非互联网公司的实习经历及心得，实现简历差异化，把你的优势做到极致。

做最挑剔的用户。作为拥有近8亿月活跃用户的QQ和4亿月活跃用户的微信，哪怕产品出现一个小的BUG，都会引发大量用户的不满。所以作为准产品经理的你，一定要挑剔，无所不用其极地挑剔！在别人眼里的无懈可击，在你的眼里可能就是漏洞百出。不断使用产品、与用户接触才能发现更多的潜在问题。挑剔的精神有一个决定性的基础，就是独到卓越的鉴赏能力。欣赏更优秀卓越的东西，并懂得拆析它之所以优秀的潜在秘诀，以见多识广、慧眼识珠的能力积累作为挑剔的立足之本。比如纵观你自己的简历就知道你的潜力在哪里、又有哪些软肋，而纵观面试官的微博及朋友圈你就知道面试时该谈及的核心话题。

孤独的修行者。从QQ到微信，15年间在无数个产品经理的努力下，只有这两款产品取得了空前的成功，同时在这两款产品下面，却是无数个产品经理通宵达旦忍受寂寞与不理解朝着自己的理想目标去奋进的过程——如微信的开机启动画面，一个孤独的小人，面对巨大的地球站在那里。做出一款好产品并非朝夕之事，它需要的是天时地利人和等各方面的配合，不仅考验你的智慧、勤奋，还考验你的忍耐力和潜心创新的决心。如果你耐不住寂寞成长，静不下心修身养性，急功近利，就容易被眼前的利益和行情牵绊，流于高不成低不就的尴尬境地，而无法再上一个台阶。所以切忌在面试的时候对不理解的产品泛泛而谈，尚未求证就下结论，急功近利迎合面试官的心态，注定你不可能成为一个耐得住寂寞的产品经理。

承压能力。在产品体验或功能设计上没有对和错，只有好和更好的区别。贯穿于产品的整个生命周期都会有来自用户、同事、领导等四面八方的意见，产品经理要在巨大的压力之下仍能保持初心，梳理完整的产品思路，进行数据分析和用户需求分析，循序渐进地进行产品迭代。在有分歧点的时候拿出说服团队成员的真凭实据。在听到意见的时候做出详细专业的分析，能认定自己的产品策略是可持续发展且能够保持产品的稳健、知行合一的发展策略。面临用户的责难和不解时，一方面要预见这些不好的反馈，另一方面能及时调整心态忍受改版时的阵痛。所以在压力面试的时候，不要被面试官的情绪所左右，保持自己思考的独立分析性，始终按照自己的逻辑去组织答案，缓解压力于无形之中，你便胜利了一半。

除此之外，前文提到的产品经理的基本能力，如协调沟通能力、需要挖掘的能力、创造力、想象力、逻辑思维与系统分析能力，都是一个产品经理所要具备的基本点。

游戏策划

岗位描述：

您将成为国内最大、全球领先的游戏开发运营机构的游戏设计师，并携手全球顶尖游戏设计师共同进行游戏设计与运营的工作，您将与其他天才的艺术家们一起在一个全新的艺术领域创造出媲美国际一流产品的瑰丽大作，并且它们将被全球范围内数亿用户体验，那些用户也将因此成为你的粉丝。

岗位要求：

专业不限，综合素质扎实，学科成绩优秀；

具有优秀的学习能力、创造力、沟通能力、逻辑思维、系统分析与文字组织能力，能从思考事物规律中获得乐趣；

热爱互联网，对所使用过的主要互联网产品有独立和深入的见解；

热爱游戏，具有各类网络游戏经验者优先，具备英、日、韩任意一种语言的阅读能力者优先；

热爱生活，关注人性。

你可能对游戏策划这个职位没有太多了解，但是提到年终奖你对这个岗位就有了全新的感受：动辄领取相当于几十个月薪水的年终奖，让人羡慕嫉妒恨的获取者基本都是与游戏相关的部门成员。

编写游戏的故事、制订游戏的规则、计算游戏的公式以及整个游戏世界的细节都需要游戏策划来完成。游戏策划是一个相对宽泛的岗位，在这个概念下面有很多细分，游戏主策划是所有游戏策划的主干，负责整体项目的进度；游戏的系统策划主要负责游戏系统规则的编写，常见的组队、帮派、排行榜这样的系统基本都是他们来做，甚至是界面的操作，包括逻辑判断的流程图都是游戏系统策划的职责；游戏素质策划主要负责游戏平面性方面的一些规则和系统设计，比较常见的是你在玩游戏的过程中所有的武器杀伤值、战斗的公式都由素质策划来设计；游戏关卡的策划包括关卡的设置、难度的设计，他的整个工作非常好玩也非常有挑战性；游戏剧情策划主要是文案方面的策划，包括游戏中的文字、主线、支线都需要剧情策划去完成，他不仅要写一些游戏的剧情还要跟关卡策划有非常好的配合；脚本策划主要是脚本程序员来编写，包括一些复杂的任务脚本，他的工作类似于程序员的工作。

一般的创业团队中，游戏策划对整个系统、素质、关卡、剧情都会有一些了解。但是在腾讯，所有分工都特别明确。所以你在面试游戏策划时可能只需要打准一个点就 OK 了，比如你对关卡或者剧情特别感兴趣，你完全可以表现出你在这一块的深厚功力，从而赢得这样一份 Offer。这个时候你没有必要去追求大而全，比如从系统聊到素质、从素质聊到关卡、剧情……你可以这样说，你在玩一款游戏的过程中是怎么剖析这款游戏的剧情的，这个剧情有哪些点值得优化，这个剧情是如何配合其他环节运转的。

岗位描述中谈到有玩网络游戏经验者优先，这个可以通过自己的游戏等级账号或者是玩游戏所花费的游戏币来佐证。假如没有，也可以谈谈你对游戏行业的看法。同时岗位描述中还有一个具备英、日、韩任一种语言能力者优先，韩国、日本的游戏产业确实非常发达，而腾讯游戏中代理的大部分盈利产品都来自于韩国及日本的引进游戏，所以你会发现你跟了这么多年韩剧，追了这么多年韩星终于派上用场了。

附上多贝用户简小米的面试经，也许你就懂了。

重点强调一下：我从来没有玩过腾讯的网游。应该说我没有玩过任何PC端的游戏，只玩过最新出来的手游。关于游戏的知识，全都是考前恶补的。

笔试的准备：我在网上下载了大礼包，翻阅了网上所有关于腾讯游戏策划的笔试经。我知道了会考一些综合知识和游戏知识，然后有简答题。我开始弄懂每一个关于游戏的题目，比如RPG，FPS，MMO，MOBA，SLG，ARPG等，然后了解了一下游戏策划的相关知识。虽然考试的时候还是遇到了很多不懂的问题，如魔兽世界现在有多少个英雄……Anyway，准备了还是有好处的。

10月16日接到群面短信。一分钟自我介绍时我说："如果说程序和代码让游戏有了骨骼和血肉，设计师和美工让游戏有了皮肤，那我想，游戏策划是赋予了一个游戏灵魂（这句话在后面被小组的同学多次称赞）。"

然后是讨论，我的话也不多，最后对面的女生竟然提议让我来做总结。感觉被赶鸭子上架了。

10月17日赶到腾讯公司参加专业面试。幸运的是，面试官没有问太多关于游戏的东西，只是问我为何要选择腾讯，为何要选择游戏，然后问了我简历上的一些问题。我的回答主要从两个方面进行，第一是游戏的艺术性；第二是做游戏的人。然后我听到面试官问前面一个同学的英语怎么样，所以我就重点强调了一下我的英语翻译能力比较好。

10月18日，这次BOSS面试的问题非常开放。后来我知道这个BOSS是海归，他问我你有什么与众不同的想法吗，举一个例子。你有什么特别喜欢的东西吗，举一个例子，并说明为什么。然后问我，你的梦想是什么？又让我说说我的朋友们。接着问我玩过什么游戏，为什么选择游戏。还有就是这些游戏有什么好玩的地方吸引了我。然后问了IOS7的特性和优缺点。问我是不是个强势的人，有没有跟别人非常激烈地争论过问题，如果有，是什么问题。最后问我有没有什么问题问他，我就问了一下他所负责的是哪方面的工作，以及如果我有机会加入，会做什么样的工作内容。

10月19日，我接到了前一天面试我的那个BOSS的电话，他问我方不方便去见他另外一个同事。我知道不是HR面，而是我的面试官对录不录用我比较犹豫，想让另外一个总监来面试我一下。去了之后，面试官非常友好。问了我两个问题，第一为什么选择游戏。第二他觉得我做网络媒体比较合适，因为我学的是网络传播。我花了很长时间跟他说明我选择游戏的原因，也花了大篇幅跟他说明我所学的产品策划和运营其实用在游戏中也是一样的。并提出一个团队有不同的背景，才会有不同的思维碰撞，才会有新的灵感，也有利于团队的成长。

10月20日，再一次接到去面试的短信。到了之后才知道是英语笔试。因为我们所在的部门要跟国外的游戏厂商打交道，所以，两道英语笔试题，两篇文章，一篇中译英，一篇英译中。完了之后是HR面，HR面相对来说比较轻松。

10月23日，电话Offer。

10月24日，签约。

内容编辑

岗位描述：

从事腾讯网（www.QQ.com）资讯频道或QQ音乐产品内容编辑工作，负责网站新闻内容发布、栏目更新、专题及线上活动的策划和制作、外出采访等工作，为全球用户提供服务。通过强大的实时新闻和全面深入的信息资讯，为数以亿计的互联网用户提供权威、主流、时尚的资讯信息及产品服务，开创富有创意的网上新生活。

岗位要求：

综合素质扎实，学科成绩优秀，新闻、中文、外语、财经等专业优先。

熟悉媒体行业现状和发展趋势，了解消费者行为分析，知识面广，文笔出色，具有媒体实习或网页制作设计经验者优先。

具有优秀的学习能力、创造力、沟通能力、逻辑思维、系统分析与文字组织能力。

热爱互联网，对互联网内容资讯和产品有独立和深入的见解。

首先，内容编辑需要具备完善的知识与技能。比如对新闻传播学、计算机及网络技术基础、文字表达能力等方面都要具备一定的基础。同时也要具备所负责领域的相关学科基础知识，如财经频道编辑要懂财经，时尚频道的编辑则要对时尚保持较高的敏感性与觉察力。

除了必要的知识结构外，内容编辑是与文字打交道非常多的一个职位，所以如果不是出于兴趣，在之后的工作中也会相当不适应。

腾讯网作为国内综合性的门户网站，服务于数亿的用户，所以其传递的信息必须符合主流的价值观。作为腾讯的内容编辑应充分了解国家相关政策和法规。网络媒体是媒体的一种形式，像传统媒体一样，要在意识形态、舆论导向方面有尺度；网络媒体也是一种内容产业，所以编辑对于内容产业的一些相关法律也是要遵守的，如知识产权、版权方面的法规等；此外，网络是一个新兴媒体，在一些敏感问题方面也需要谨慎，诸如对公众隐私权的保护、对国家安全法及保密法的遵守等，都是不能忽视的。所以版权意识、舆论意识也是内容编辑必备的素质。

腾讯网尽管是以内容为生，但离开了用户的支持还是无法生存。网站的用户既包括广告主等商业类客户，也包括普通网民。所以，内容编辑在制作内容时要顾及到网络媒体自身、受众、广告商三方面的利益。所以作为腾讯的内容编辑要具有一定的广告意识，在制作内容时注重内容独特的形式或独特的解读方式，也要顾及到网站整体风格的统一，同时也能有效地辨别内容中的隐形广告。

互联网上面的内容除了文字以外，还有图片、声音、图像、Flash等多媒体，而这些内容需要用多种媒体的编辑能力进行操作，因此，如果熟悉视频剪辑、音频处理、图片编辑，自然会为你加分不少。此外，如果还能改一些简单的代码，那就趋近完美了。

营销/销售

岗位描述：

从事互联网市场策划与推广/商务拓展/品牌管理/战略研究等相关领域工作，与国内外无数知名的企业合作，为他们提供最有效的网络营销解决方案。

依托腾讯丰富的产品线以及全新的广告合作模式，通过与不同产品的结合，使品牌及产品更加友好地展现在用户面前。

岗位要求：

经济管理及营销类相关专业，综合素质扎实，学科成绩优秀。

热爱互联网，熟悉互联网的主要发展方向和概念并有敏锐的市场意识。

具备商业意识，优秀的沟通协调能力，有较强的逻辑归纳推理能力、文档撰写能力和信息收集能力。

英语流利或擅长个别小语种（韩语、日语）者优先。

营销与销售不是每年都招聘的职位，根据岗位描述，这两个岗位的工作性质更多偏营销。从成本与风险的角度考虑，大部分互联网公司都把销售外包给了代理公司，自己只处理与部分知名大客户的业务关系。依托于腾讯巨大的平台，所合作的企业无疑是业内非常知名的公司。互联网公司的营销与运营很接近，所有的营销策划都是基于产品之上而做的，所以上面提到的产品策划及运营的能力，作为面试腾讯营销及销售岗的你也要具备一些。

5. 对号入座，看你更适合哪个职位

上面提到的四个职位似乎都有相当大的想象空间，但是各自又有不同的侧重点。内容编辑相比其他三个职位而言，需要有极强的文字功底跟长期的文学熏陶，所以会优先考虑知名院校的中文系毕业生。而子频道的内容编辑则需要有频道相关的专业背景，如财经频道编辑需要有金融相关的背景，除此之外的其他三个岗位则对学校及专业没有倾向。

而在语言方面，因为游戏策划时常要与韩日及欧美的优秀厂商进行交流，同时需要经常体验他们的产品、接触韩语日语的资讯，所以在语言层面上会有一些门槛。而营销 / 销售岗因为需要与名企合作，名企中来自美国及日本的公司比例非常之高，所以流利的英语及日语也是工作中必备的。

而产品策划 / 运营虽然对学校专业语言等硬性条件没有要求，但是在个人潜力如产品敏感度、沟通协调能力、审美能力等方面又有极高的要求。

从职业生涯来看，未来能做出优秀的产品或者通过营销能接触到更多世界顶尖公司，无疑能获得更多的社会认同感。

从工作的负荷度看，内容编辑的工作相对更为轻松，在没有重大事件或者活动时，KPI更容易完成，而且对第三方的依赖程度较低，所以工作时间及内容更可控。其他三个职位则不能以自己的意志为转移，往往跟着项目走，每天都处于赶进度的状态，工作负荷更高。

从工资收益来看，腾讯收入很大程度上都来自游戏，所以作为游戏策划，开始的收入明显会高于其他岗位。

通过以上不同维度的分析之后，结合你自己的特质对号入座，选取适合你且感兴趣的职位进行准备吧。

Chapter 12 腾讯网申：简历被“鄙视”的若干原因

网申门槛降低是互联网招聘的整体趋势，腾讯也不例外。腾讯2014年校园招聘的网申表格中需要填写的经历也越来越少，通过率也有极大提高。即使如此，也要认真填写网申简历，如果非常不幸简历没通过筛选，无形之中会有一种挫败感，影响后面的发挥；另外网申的简历会一直陪你走过整个面试，所以这一章跟大家分享，网申简历被“鄙视”的原因有哪些？

1. 如何选择事业群

腾讯网申需要填写的内容已经简化很多，仅包括应聘信息、个人信息、教育背景、活动经历四大模块。应聘信息中首先要选择的是感兴趣的事业群，虽然这个选项仅作意向了解，不作为职位分配依据，但是你仍旧需要对不同的事业群做一些了解。

微信事业群（WeiXin Group，简称 WXG）负责微信基础平台、微信开放平台以及微信支付拓展、O2O 等微信延伸业务，并包括 QQ 邮箱、通讯录等产品的开发和运营，大部分做产品的人对这个岗位都趋之若鹜。

企业发展事业群（Corporate Development Group，简称 CDG）负责战略规划、投资者关系维护、业务孵化和投资并购，之前的微信及 QQ 邮箱便隶属于这个部门，目前财付通仍在这个事业部。

社交网络事业群（Social Network Group，简称 SNG）是以 QQ 与 QQ 空间为基础的社交事业群，包括 QQ 体系的业务以及开放平台及云服务产品。

互动娱乐事业群（Interactive Entertainment Group，简称 IEG）以网络游戏为主体，是腾讯营收最大的板块，同时也是国内营收最大、运营最卓越的网游平台之一。旗下有 DNF、LOL 以及最新的“天天”系列、“全民”系列 、“欢乐”系列手游，都在亿万用户中拥有良好的口碑。IEG 也是所有事业群中最土豪的一个，网传的最高年终奖获得者往往来自于这个部门。

移动网络事业群（Mobile Internet Group，简称 MIG）自调整后聚焦于浏览器、安全（腾讯手机管家、腾讯电脑管理）、腾讯地图、应用平台（应用宝）等平台型业务。

网络媒体事业群（Online Media Group，简称 OMG）是腾讯的全媒体业务平台，旗下包括腾讯网、腾讯微博、腾讯视频、腾讯智慧等品牌，之前提到过的腾讯微博整合便属于这个事业群。

虽然事业部的选择不作为必选项，但是了解之后有百利而无一害。比如动荡的 MIG 及 OMG，人事始终在发生变动，而新成立的 WXG 不仅有微信这张王牌产品，同时也因业务的蓬勃发展而需要大量的血液，IEG 有钱，SNG 有平台，地位及发展前景不言而喻。不同的产品线、不同的事业部都自成体系，找到一个适合的部门，便成功了一大半。

2. 选择期望工作城市的奥秘

应聘信息中另外一个值得注意的点就是期望工作城市的选择。北京、深圳、广州这三个城市无疑会提供大量的职位，但是相比而言也是有优先级的，比如网络媒体事业群出现战略调整之后，需要安排大量之前在微博工作的员工，对应届生的需求就会降低；广州因为微信刚刚成立单独的事业群，无疑对员工的需求量会加大；而深圳做为腾讯的总部，对应届生的需求则会持续稳定。此外，上海、成都、南京、杭州、福州这些城市偶尔也会列为备选项，但是招聘需求数量相对其他城市无疑会低很多。即便你因为家在某个城市，想就近工作，也要暂时避开风头，先降低风险成功入职，签了 Offer 再讨价还价也不晚。

3. 填写电子邮箱的规则

应聘信息填完之后是个人信息。虽然之前我们一直强调说互联网公司不会有邮箱歧视，但是我们要考虑一个问题，就是邮件到达率。国内的ISP，如网易、腾讯、新浪等的邮件实际到达率不能保证100%，而国外的ISP如yahoo和hotmail则是全部到达。在社招过程中邮件来往都是一对一的，所以被服务商过滤的机会相对较低，但是在校园招聘过程中，笔试面试的通知都是群发，数量较大都需要使用邮件服务商，所以就会有到达率的问题。腾讯自己有QQ邮箱，使用自己的邮件服务器到达率基本可以达到100%，而Gmail等邮箱则会有一定的风险。

另外，本身你面试的公司就是腾讯，假如你还没有想好如何说服你潜在的面试官QQ邮箱的产品经理“为什么QQ邮箱不值得使用”的话，还是谨慎为好。标新立异永远都是有极大风险的。

另外，使用QQ邮箱其实也是一门学问。直接用QQ号加邮箱后缀也是可以收到邮件的，但总是显得不够优雅，而且容易泄露隐私，通过QQ

号的搜索基本可以看到你在互联网上的大部分踪迹，甚至是Q龄、QQ空间等细枝末节的信息都会暴露出来。假如能去绑定一个英文邮箱如jerry@QQ.com，既能传递自己的职业素养避免泄露隐私，也能表明自己是QQ邮箱的重度用户，何乐而不为？

4. 如果没考雅思托福，网申会不会挂掉

英语等级在 2014 年的网申中虽然已经不是必选项，但仍会有同学担心自己没有考托福、雅思，会不会因此而挂掉。英语好或者学习过其他小语种必然会为你加分，但是对于不同的职位所加分数差异是相当大的，大部分职位只要你过了四六级能读懂简单的英语文档即可，而少数对英语、韩语、日语要求较高的职位会面向海外及香港招募。除此以外的其他职位外语成绩都非必备项。从一面到终面的过程中基本都是在中文环境下完成的，这一点大可以放心。

5. 如何强调证书的重要性

大学期间流行考证，尤其是职业资格的证书。但是在简历上提及职业资格证书也是相当有技巧的。职业资格证书一定要和目标岗位也就是自己的求职意向相匹配。比如你找产品策划的工作，人力资源管理师、会计证之类的证书就不用写在简历上面了，不然，企业会觉得你的职业目标不明确、精力很分散，证书拿多了反而得不偿失。关于职业资格类的证书，因为面试官筛选简历或者面试的时间有限，并不急于查看，只是在面试合格办理录用手续的时候，才要求携带证书原件查看真伪，并由企业复印留底。

而另外一个尴尬的境地是基本每份简历都会罗列大量证书，如“三好学生”、“优秀学生干部”之类的，面试官已经看麻木了，所以这种相当泛滥的证书没必要写在简历中。你要做的就是筛出最有价值的证书，并写明它的重要性，提升证书的含金量放在自己的简历当中，引起面试官的注意。第一，你需要注意证书的颁发单位，如教育部、省教育厅颁发的优秀大学生证书、世界大学生运动会的组委会颁发的优秀志愿者证书、Imagine

Cup 微软“创新杯”一等奖，通过发证单位来强调证书的重要性。第二，你要用数据佐证，比如同样是教育部颁发的优秀大学生证书，每年会奖励给多少学生？是10位还是1 000位，不同的奖励比例如10/7000000给面试官的刺激是完全不一样的，即便没有国家级的奖励，对于学校发的证书也要作类似的数据处理，让面试官大概知道证书的重要性才能让他停留更长的时间，加深对你的兴趣。

6. 学校与专业对你的网申影响有多大

学历跟专业不是阻止你的简历脱颖而出的原因。对面试官而言，除了北大清华等名校以外，其他学校都是差不多的，也不会作为重点筛选项。此前，腾讯QQ手机管家发布了一条微博，称腾讯北京分公司20楼的一位前台保安在经过了一次次的技术面试之后，成功进入腾讯研究院成为一名专业的研发工程师，消息得到了马化腾在微博上的证实。而该保安毕业于洛阳师范学院。

如果由于你的不自信，明明是专科却伪造了本科的学历，明明是武汉大学某某学院却伪造成武汉大学，即使自身能力够强一路到终面，直到签Offer的时候面试官发现你简历上面的学历存在伪造的嫌疑，HR对造假是零容忍的，你就会前功尽弃、百口莫辩。

至于谈到五花八门的专业，对于面试官而言除了计算机相关专业以外，其他的都是非计算机相关专业。而面试官为了打消大家投简历的疑虑，通常会在宣讲会的时候聊到他们此前招到过的非常奇葩的专业，如湖北中医药大学针灸推拿专业。大学跟专业只能代表你过去的努力跟选择，但无法反映出你现在的兴趣、能力、潜力，而这些往往是面试官更为看重的，所以客观描述即可，完全没必要抱着侥幸的心理去作假。

7. 没有参加腾讯举办的竞赛是否会影响简历的筛选

腾讯每年都会举办腾讯创新大赛、腾讯校园编程马拉松等竞赛，除了扩大知名度建立良好的企业形象外，还能从中筛选到优秀的人才。拥有这些比赛的经历无疑会受得到更大的认可，而除此之外的ACM国际大学生程序设计竞赛、全国大学生数学建模竞赛也是受到各家互联网公司认可的。

但是除了腾讯创新大赛外，其他竞赛都是与技术相关的，所以对面试非技术类的同学暂时不会产生太大的影响，而腾讯创新大赛近几年的举办频率已经稍微降低，取而代之的是面向整个互联网的创新大赛，而其中大学生获奖的比例只是凤毛麟角，一般有这种级别的大学生直接就走路推或者创业了。是否参与过腾讯举办的竞赛这个选项，只是因为要统一简历的模板，综合考虑技术岗跟非技术岗而设置的一个选项。但是同样给大家一个启示，在校园当中如果有机会可以尽量参加腾讯或者百度这种级别公司的校园俱乐部，这样不仅可以获得企业的一手资料，培养对互联网公司的兴趣，过程中获得的证书在面试过程中也是相当受认可的。

8. 项目活动经历如何优化

项目及活动经历是综合考虑技术跟非技术类职位属性而设计的一个元素，面试技术类岗位的人更多考虑写项目经历，而面试非技术类岗位的人只要填写活动经历即可。项目及活动经历是简历当中为数不多的能充分展现你能力的地方。所以这一栏的内容需要参考之前的互联网特色的简历描述，相当慎重地填写。

你要告诉面试官这个活动的影响范围有多大，是校级、市级、省级还是国家级的活动；影响的人群是 10 人、1 000 人还是 10 万人，这个从参与报道的媒体级别可以进行测算。如果级别够高影响力够大自然也能给你带来不少益处，但活动本身只是给你提供的一个平台，其规模只是反衬你能力的一个道具。所以必须主次分明，围绕你参与的阶段及扮演的具体角色进行描述，这样才能充分反映你的价值及能力。

同时需要融入互联网特色的思考，通过数据对比、互联网特色的语言优化，让面试官有更强的代入感，从而更好地理解你的能力及价值，让你的形象跃然纸上。

实习经历的描述同样如此，如果在大公司实习过固然好，有知名公司的背景自然事半功倍。在小公司实习过，甚至只是自己尝试过创业，借鉴上文百度对产品及运营要求的方式去组织语言，也可以让简历在网申环节顺利通过。

9. 关于简历被“鄙视”的若干解释

在应届生求职相关的论坛中，经常会看到一些条件不错但简历被“鄙视”的帖子。北大某硕士生目前在腾讯某部门实习但简历被拒；刚签完百度 Offer 才敢跟男友说面试腾讯时简历都没通过；香港某大学商科研究生毕业有美交换生经历（美国前 20 名校），简历也被“鄙视”……

排除网申系统抽风或者手机信号不佳没有收到面试通知短信等与人品相关的低概念事件之后，简历被“鄙视”可能会有以下原因：

与业务相关的岗位如战略招聘的人数极少，基本在个位数以内，通常这类职位会独立于校招之外，门槛很高，仅在北京、上海、香港等地招聘。竞争者有来自全球各大高校的优秀毕业生，为了提高招聘效率、避免不必要的时间浪费，从简历开始就设置了极高的门槛，所以名校生被“鄙视”也很正常。而应对之道则是在写简历的时候更加认真地去看招聘需求，按照相对应的能力去组织简历，增加更多职位关键词从而在简历筛选中进行突围。

校招计划发生较大变故。HR在组织不同城市的面试过程中，通常会参考往年的情况制定相关标准，比如连续两年校招在武汉收到的简历只有2万封左右，于是在今年校招时，同样准备了2万人规模的考场及考卷。但是因为脸萌的迅速走火，整个武汉地区的学生对互联网的认知也发生了巨大变化，竞相想进腾讯做产品，于是投来的简历从2万份变成了4万份。因为人力有限临时调整已然来不急，只有提高简历筛选的标准，而网申的筛选系统又极不靠谱，于是会有大量有潜力的人中枪，在简历环节就被“鄙视”了。

面试进度不可控，突然发生变化。比如在校招之前已经分配好了各城市的招聘人数，但是某个城市学生的素质普遍偏高，在面试进行一半的时候，所有岗位的名额就已经满了。重新申请新的招聘计划已经来不及，只能放弃接下来招聘的城市，提高简历筛选门槛，减少在接下来面试城市的时间投入。另外，也可能是公司战略临时调整影响整体招聘数量，而尚未举行面试的城市中已经没有名额，于是采取了同样的策略。所以如果条件许可，尽量在名校较多、举行校招较早的城市进行面试。

在网申环节当中，我们应尽量扬长避短，谨慎填写相关信息。如果没有收到面试通知，则需积极在网上寻找笔试相关信息，做好“面霸”的准备。

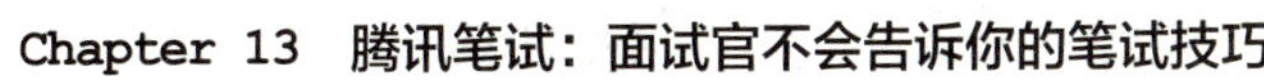

Chapter 13 腾讯笔试：面试官不会告诉你的笔试技巧

笔试在员工招聘中益处非常大，尤其是像腾讯这种大规模的员工招聘，通过笔试能迅速掌握应聘者的逻辑思维能力、是否具备互联网从业所需潜质，从而进行有效的初次筛选，划分出符合企业期许的潜在面试者。而对于参与大型面试的应聘者而言，笔试无疑是一场灾难，从题目设置到笔试判卷风格再到最后的录取比例，每一个环节都让人心惊胆战。尤其是当你感觉笔试不错但还是被挂掉的时候，连原因都无法找到。

1. 关于“笔霸”，你不得不知的二三事

在谈笔试必杀技之前，必须得聊一下“笔霸”的技巧，即使简历筛选标准在降低，但是总有人人品太差，在网申的时候就被挂掉了。“笔霸”不仅能增加就业机会，也能证明自己的实力，而且在“笔霸”的时候尚不会像“面霸”那样已经在面试官心目中建立了某种形象而难以扭转。所以只要能有效地争取到机会，即使没有通过网申，你跟其他应聘者仍旧处在同一起跑线上。

打听笔试地点，提前去适应环境是必须的。当然仅靠这些远远解决不了问题。面试官也无法准确预料“笔霸”的人会有多少，所以试卷跟场地往往非常有限。场地有限，挤挤总会有，但是试卷不够，那可没辙。但是转念一想，你应聘的是产品经理岗位啊，如果这点问题都解决不了，将来还怎么协调团队解决各种奇葩的问题？面试官放弃你也是必然的。试卷不够，没有问题，自己去复印；复印店太远，直接用手抄写试题；抄写太慢，用手机拍照，然后直接在准备的白纸上写答案然后再上交，并在交卷的时

候特意跟面试官说，作为腾讯的准产品经理，你会用一切合理合法的手段排除万难达到自己的目标。如果面试官对此无感，记得把这句话写在你自己准备的答题卡上。如果仍觉得不踏实，直接拍照，以便让它成为你是“面霸”的有力佐证。

2. 笔试必杀技

墨菲定律说，关键时刻当你想用手机时，它不是没电就是网速不好。所以，提前给手机充好电，必要时带上充电宝方为上策。条件允许的情况下甚至可以借几部使用不同运营商服务的手机，确保面试时手机的网速足够好。作为一个正直有操守的人，我不是让你去百度答案或者是直接把试卷题目发给后援团找人一起做。只是提醒你如果碰到有同仁来搭讪正好可以加他们的微信或者 QQ，了解笔试面试的进度。如果自身吸引力不够，记得主动出击留下更多联系方式，时刻保证自己对面试的进度了如指掌。除手机外，其他的文具就不一一强调了，即使忘带也很容易借到。

以参与腾讯笔试应聘者的智商来看，只要时间充裕，基本上每个人都可以做到满分然后交卷。问题是时间基本不够，在不到一个小时的时间里，既要做大量的行测题，还得完成附加题，题目数量跟难度经过面试官的精确计算，80% 的应聘者是无法全部完成笔试题目的。而作为腾讯准产品经理的你，在参与笔试的时候，一定要注意时间管理，精确地控制每道题目所花费的时间，有策略地做题，先做擅长的，保证答题率和正确率，放弃部分解题思路简单但目测需要花费大量时间去寻找答案的题目。而对于已完全写明不计分的“附加题”，也要提前准备好应对思路，尽可能地组织答案。

腾讯笔试题主要是逻辑分析、数据分析、推理、语言、附加题。数据阅读和数据分析大概有 15 道题，以图表为主，加一串数据，主要是看增长率、占比最大、波动最大……这种题目相对来说是最简单的，但切记要注意时间，最好能在四五分钟之内完成。不需要你去算精确的数据，做一个大概的判断就可以得出合理的选项。尤其是一些增长比率是有很大差异的，简单地做一些排除，用末尾数原理即可得出答案。建议大家考前去看近两年公务员国考和省考的题目，做一个简单的准备即可。相信在应试环境下走过几十年的我们都会有自己的应对之道。

笔试交卷前，记得给试卷拍照留个念，回到家之后，在时间充裕加上搜索的帮助下，重新把整张试卷做一下，标记错误之处，并对照当时做题的思路去想自己还有哪些可以改进之处。其次，你需要给之前的答题思路梳理一个“故事”。如作为腾讯的准产品经理，我觉得时间管理最为重要，所以在答题的时候我把有限的时间用在了最能反馈我的逻辑思维能力、创新能力的题目上。至于未做的题目，我早已有了思考跟解决方法，只是评估它们所花的时间较长且只是重复劳动，所以我降低了这些题目的优先级。同时面试结束之后，我对整个过程做了一个复盘，当时在做某某题的时候有所欠缺，没有考虑周全，之后不会再出现这样的问题。即便是笔试没过，这段话也会让面试官重新审核你。如果笔试过了，面试官在跟你聊到笔试的时候你也有话可说。而面试官在求证你的时间管理、复盘能力的时候，这个例子无疑很有说服力。

此外，你还需要带一份与众不同的纸质简历，这份简历比网申的简历更重要。决定你能否进入面试的因素主要有三点：笔试的成绩、简历、附加题。面试官不会看你的网申，网申简历只是给机器看的同时给 HR 做一个留存而已。但是纸质简历就不同，一般在面试的过程中 HR 都会留下你的纸质简历跟你的卷子订在一起，面试官在改笔试试卷的同时也会看你的简历，这也决定了你是否能留到下一轮的面试。大家的纸质简历最好改成与网上模板不同，可以避免面试官的审美疲劳。至于附加题的答题技巧稍后就会提到。

3. 不同职位对不同题目的分数要求不同

笔试的地方是没有座位排序的，相互认识的朋友可以坐在一起分工协作，卷面基本雷同，但到最后只有一个人能拿到面试的通知，其他人都挂掉。这是为何？

如果硬要解释这个问题，原因可以找出很多。比如虽然卷面内容一样，但是交卷顺序不一样，会影响判卷标准，排在末尾交卷的基本都会被认为有拖延症，在工作中会成为拖后腿的嫌疑比较大，不如直接把这种人扼杀在面试中，于是此类人挂了。但这个解释实在太过牵强，因为面试官要做到区分有拖延症的同学，还需要确立一个标准，哪个时间点前交来试卷的人算没有拖延症，之后的才算有，这个过程太反人类，肯定不成立。

而靠谱的解释则是，虽然试卷是一样的，但是随着笔试题附上去的简历差异性却很大。另外虽然主观题的答案是一样的，但是附加论述题也能反应一个人潜质的高低。除此之外，虽然行测题的分数一样，但是根据不同的职位笔试的权重会有侧重点。产品经理非常注重逻辑思维，面试官就只改跟逻辑思维相关的15个题目，而数据、推理、语言大概做一做只要不是错得太离谱就有希望进入下一轮面试。比如你逻辑题的正确率是100%，数据是90%，后面的语言文字题你没有时间去做。但是通过逻辑题已经反映出了你的能力侧重点，这个亮点就可以确保你进入下一个环节。相反你把整个时间平均分配，逻辑80%、数据80%、推理80%、语言80%，能力太平衡反而没有竞争力。如果你面试的是数据分析师或者游戏相关等跟数据结合密切的职位，数据题全对基本就搞定了。

或者面试官根本就没改笔试题，先看你的简历，判断你的能力基本点，然后再根据笔试题进行确认。比如通过简历面试官觉得你是一个数据意识很强的人，于是把所有跟数据相关的题目检查了一下，符合他的预期，于是简历就过了。

碰到比较有个性的面试官，玩法就是这么新颖。而你能做的只能是尽量做好时间管理，分配好时间，保证答题正确率。

4. 附加题答题要点

腾讯今年的附加题是不计分的，但是存在即合理，试卷只是说附加题不计分，但是面试官也从未透露笔试之后进入面试的依据是什么，也许都不一定是试卷分数，而且附加题比普通的行测题更能反映你未来作为一个互联网从业者所具备的潜在能力。所以虽然不计分，但是仍旧有影响。

笔试时前面的行测最好分配 35 分钟。在后面的附加题当中寻找一个更有把握的题目，在剩下 25 分钟内理清思路进行着重分析，合理运用时间更能强调你的竞争力。如果你花 10 分钟来分析一个附加题，另外 10 分钟来分析另一个附加题，可能得不偿失地导致两个题目你都浅尝辄止，没有做深度的分析，整张答卷虽然丰满但略显平庸。

招聘中的笔试不同于高考，校园招聘的目的只是为了给公司招到优秀的人才，优秀如何界定？互联网的可贵之处就在于包罗万象，行测题全对算优秀，按部就班答题也算优秀，思维发散同样算优秀。而你只需要找到你最擅长的点去切入并进行表现就可以收获自己喜欢的 Offer。

能力均衡的背后是没有竞争力，所以你必须突出亮点。假如你简历上面没什么亮点，对附加题也没有明确的思考，而行测题只因为你在准备公务员考试把握比较大，那就把所有的时间都投入到行测题当中，保证前面的试题正确率达到100%。同理你也可以放弃前面的行测题，把所有的时间都集中到附加题当中。比如你没有太多的实习经历也不是名校毕业，你觉得前面的行测题做得也比较弱，但是附加题你能冲起来也是有可能进入面试的。我曾经参与过金山的校园招聘，笔试时有14道题，因为准备不充分加上时间太赶，很多题目都没有太好的思路，最后只答了其中一题，但是角度非常全面考虑非常周全，于是也顺利进入了笔试。

做论述题需要注意一点，论述题是没有标准答案的，观点成立思路清晰即可。面试跟考试不一样，考试有标准答案，目的是筛选分数高的人，而面试需要找到一个有主见有思考能力的人。谈到竞争分析，大部分人想到的一个词就是SWOT，目测面试官会被这些词给刷屏，而且他们最讨厌的是堆砌专业名词，但却不能进行深度分析。当你过度地去显摆一些名词，面试官对你的印象是你可能经过一些专业的培训，为面试准备了很多，但给出的答案却没什么深度、毫无潜力可言，在其一念之间你就被Pass掉了。所以谈竞争分析时，直接提各自的优劣势、一针见血、平铺直叙更为有效。腾讯2014年校园招聘广州站的笔试题中就有两道附加题，其中之一就是

“互联网电视厂商间竞争格局情况”，以下的答案就很讨巧。

第一，谈现状，列举几家做互联网电视的现状。

小米：优势在于粉丝营销同时具备极强的硬件成本控制能力，拥有知名的MIUI设计，APP应用较多；劣势在于其品牌消费定位一直驻留于“屌丝机”的档次，亟需提升品牌层次，影音资源来自CNTV，内容差异化不到位。

乐视：优势在于娱乐产业链相对完整，除了合作牌照方CNTV的影音内容外，自有的影音资源和APP丰富；劣势是用户付费意愿难度较大，需要较长的时间培育。

TCL-爱奇艺：优势在于低价出击，内容方面除了牌照商银河互联的影音资源外，同时加入爱奇艺和PPS的版权资源，并且永久免费；劣势在于厂商合作会出现的潜在困境。

第二，从传统厂商的角度来讲，他们应该如何应对互联网电视。

第三，聊未来的竞争是如何从硬件竞争到内容体验的竞争。竞争给传统电视厂商带来的挑战及为互联网公司带来的机遇。

除此之外，还要从用户角度来讲，互联网电视给用户带来的便利及用户对此的反馈。

另外，视频牌照也会是一个很好的话题。

在分析的过程中，你的角度越多，发挥出来的潜力就越大。即使有的角度写不全也没有问题。你可以列出七八个角度，但具体写的时候，只需着重一个角度，比如上面的这个答案，只着重对小米、乐视、TCL-爱奇艺当前的竞争优劣势深度分析，其他角度浅尝辄止。因为时间有限，准备的内容必然不充分，但需要向面试官传递的是既广且深，广是分析的角度广，深是从某一个层面讲有很深的理解，但是笔试时间有限，只能做到这一步，面试官也能理解。同时你也能避免去写自己不擅长的东西，通过这个讨巧的答案可以解决很多问题。

Chapter 14 腾讯校招：一面不完全经验介绍

小组面试俗称“群面”，比较科学的说法是叫做“无领导小组讨论”，也就是传说中的“群殴”。小组面试近年来被越来越多的外企、名企所采用。群面既能节约时间，又可以让求职者在相对放松的环境中较为自如地发挥，从而全面考察应聘者的语言能力、思维能力和在团队中适合扮演的角色。腾讯是一家效率非常高的公司，所以你会发现，在参加笔试的当天晚上你可能就会收到第一轮面试即群面的邀请通知，前提是你的笔试过了。

1. 让群面成为你的个人秀场

群面对面试者唯一公平的一点就是给每个人一分钟的自我介绍，此外其他任何表现机会都需要你去争取。而大部分优秀的人都会把握好这一分钟，从第一句话开始就让自己领先于其他人，奠定自己拿 Offer 的基础。

没错，虽然第一轮面试是群面，但是完全不妨碍你把群面当成单面，让自己脱颖而出。当大家都在千篇一律地说我来自什么学校，我的专业是什么，我的爱好是什么……这个时候你的自我介绍稍微与众不同一点就能出彩，如“如果说程序和代码让游戏有了骨骼和血肉，设计师和美工让游戏有了皮肤，那我想，游戏策划是赋予了一个游戏灵魂”就能让面试官眼前一亮。这句话除了对仗工整，也能有效地给自己所面试的职位以清晰的定位，如果碰巧面试官也从事过游戏策划，自然会让他产生共鸣，对你的印象完全好于其他人，这就注定你能比其他人走得更远。

一段能征服群面面试官的自我介绍，首先要不流俗，不能是千篇一律的关于学校专业性别的自我介绍；其次，语言组织要足够有个性，有较高的辨识度，引起面试官的额外注意力，如果能让他产生共鸣就更加完美；最后要在自我介绍中体现你具备了招聘职位所需的各项能力。如两年前流行的凡客体自我介绍，“爱网络爱游戏爱晚起，爱体验新产品也爱创新；不清高、不孤僻、不矫情，爱沟通，和张小龙一样，我会成为优秀的产品经理。”与热门的网络段子相结合，同时又加上自己作为准产品经理的潜质，无疑会更好地引起面试官的注意。所以群面前要结合面试职位和自己的特点，用精美的语言组织一段新颖的自我介绍，让群面成为你的个人秀场。

2. 群面前的准备

奠定良好的人际关系是群面成功的基础。在观点的交锋中，对方在考虑是否接受你的观点时，会首先考虑你与他的熟悉程度和友善程度，彼此的关系越亲密观点就越容易被接受。若他认为彼此是敌对关系，那么拒绝接受你的观点就是对他的自我保护。所以群面的时候，最好提前到达考场按照面试官提供的群面名单去结识同组同学，拉近一下感情，这样不至于在面试过程中太过孤立。

跟每个人简单聊聊的过程也可以熟悉各自的特点，提前拟定好应对的策略，最好能在走进面试场之前就达成统一的共识：群面并不是你死我活的面试，而是一荣俱荣的面试，所以大家本身不存在敌对关系。提前进行一轮的磨合，有助于每个人熟悉自己在正式面试中的定位，从而更好地互相配合，一起征服面试官。

除此之外，群面的试题基本都会从之前的题库中随机抽取，有意识地去跟已经参加过群面的同学聊聊，提前获知群面的话题，接下来的准备也会更有方向。以上都是在群面之前需要有意识去准备的事情。

3. 群面当中的角色扮演

腾讯的群面过与不过与你的角色并没有太大关系，你需要综合考虑自身因素选择合适的角色才能更自然、更出色地进行发挥。比如你平时是受到启发时更容易理清思路还是独立思考就能得出结论？是善于总结陈述还是善于表达灵感？是善于引导还是执行别人的思路？是善于大局观还是善于解决具体的问题？是善于活跃讨论气氛还是认真发现问题？根据这些问题找到一个更为适合的位置进行发挥。

很多人认为 Leader 更容易通过群面，原因是戏份多，更容易突出自己的能力赢得面试官的青睐。但从另一个维度讲，Leader 正因戏份太多，反而容易缺乏独到、深刻的观点，词不达意，容易暴露自己的不足而挂掉。

腾讯群面之前，求职者都会提前到考场静候面试，同组成员有短暂的交流机会。交流中大家都在心照不宣地进行试探，以确定竞争压力及群面过程中的角色定位，学校、学历、专业、是否有大公司实习的经验往往是交流的重点。读研或者有实习经历从背景来说更容易获得Leader这个角色。无论你是出于本意，还是被赶鸭子上架，都需要了解 Leader 这个角色在群面当中的定位。

不同的Leader有不同的领导思路，但结果都是集全队之力，寻找一个最佳方案解决眼前的问题。而在腾讯的面试官眼里，一个好的Leader除了自身素质过硬以外，还有能切实领导整个团队的能力。发挥每一个人的长处，帮助每一个人过群面，这样你的价值才能发挥到最大的程度。假如队友都挂掉了，试想做为团队领导的你有机会进入下一轮面试吗？所以在讨论具体执行方案时，Leader的任务不是提点子，而是鼓励团队成员一起讨论，并在这个过程中有效控制讨论流程，让讨论总能围绕总体思路，一步步地向着目标迈进。在这个过程中，Leader要跟组员互动和反馈。同时还要注意机会分配问题，结合每个人的专业优势及特点，恰当地引导组员发挥自己的特长，为解决方案提专业意见，让每一个组员都能有效地展现其能力和价值，才是你在群面当中最需要做的事情。

所以Leader绝不如大家想象的那样因为戏份多而能直接进入二面，当然也没有那么难。当你以一颗负责的心把组员当成你的兄弟姐妹，让他们的利益最大化，做好事的同时做好人，你就可以过群面了。

在很多场群面中， Time keeper（计时员）更容易过关。因为Time keeper的团队合作精神和团队贡献很容易突显出来。Time keeper的第一任务是时间管理。所以拿到案例题目和时间规定后，浏览一下案例，根据案例中需要解决的困难点，把时间段合理分块，严格按照讨论好的时间规划来管理时间，适时打断发言超时的同学，也适时引导大家谈话要简洁扼要。Time keeper 还有个重要责任是配合好 Leader，引导组员朝着总体思路方向前进。当意识到 Leader 需要时间和发言机会时，迅速为其创造机会。总之，Time keeper 是团队中的重要一员，这个角色不仅关系到团队能否在规定的时间内充分讨论问题并拿出完善的解决方案，还关系到团队成员能否机会均等，并发挥出各自最大的贡献，以实现方案最优化。

而记录总结员也是一个不错的“角色”选择。作为记录总结员，了解每个人的姓名是必须的，同时也要记录其性格特点。首先，你要结合团队整体解决思路把相关的发言重点用记号笔标明。组员在侃侃而谈时很容易忘乎所以，而记录员要记录有效的观点，所以要比任何人都清楚其讨论内容是否偏离目标。同时记录总结员还要控制讨论进度，结合实际情况把自己包装成隐性的 Leader，引导整个讨论流程。并在结尾时进行恰当的总结发言，来展示整个团队的结果。

另外需要切记，任何的 Title 只是一种形式，当你发现在群面过程中有人不适合某个角色，需要勇于承担起这个角色的实际工作，让群面有效地进行下去，这也是一个加分项。相反，当大家都各司其职时，你却处心积虑地影响团队的发挥，必然会拖沓所有人的进度。

4. 群面的实质：面试官希望看到你的能力

群面的实质是了解场景、交流想法、分析问题、提出解决方案、相互尊重、相互妥协、达成结论的过程。在这个过程中，通过发言的时机、发言的内容、何时停止、遭到反驳时的态度、倾听他人谈话时的态度等表现，能直接反映你的意识跟能力。

仔细倾听并给予反馈 。在工作当中，不管是做产品运营还是做产品经理，都需要去倾听来自各方面的意见。比如做产品经理，需要去倾听来自用户、研发、设计、公司决策层的意见。当得知用户的意见观点时，产品经理需要拓宽问题的深度跟广度并吸取其中有价值的点进行深挖，给予更佳的解决方案及思路。

善于沟通并推进进展。群面中不是谁的嗓门大谁就得分高，夸夸其谈、不着边际、胡言乱语只会在大庭广众之下出丑，将自己的不利之处暴露无遗。语不在多而在精，观点鲜明、论证严密、一语中的才能达到一鸣惊人的作用，同时也能反映自己清晰的逻辑思维。即使表达与人不同的意见和反驳别人的言论也不要恶语相加，最好是表示认同并提出不同的看法，既能够清楚表达自己的立场，又不会令别人难堪。让自己的观点更有说服力，又不易引人抵触，这些是产品经理在传递产品理念时必备的一项能力。同时，所有的沟通都是为了更好地推进进展，过分表现自己，攻击对方观点，往往无法达成最后的目标。

解决问题达成共识。讨论其实是一个求同存异最后达到某种共识的过程，但据理力争试图压倒其他成员则会被视为缺乏团队精神，基本上会被Pass。所以群面允许有意见和分歧，但是当讨论进入僵持阶段时，你要积极协调推动整个讨论的进程，而不是加入到争吵中。必要时要学会妥协，以团队利益为中心，这样才能彰显你的领导能力。毕竟对于产品经理而言，说服不是一朝一夕的工作，先解决有跟没有，再解决好跟不好，这才是做事的正确方式。所以群面时顾全大局，在规定的时间内达成共识，提供一套解决方案才是最靠谱的。

5. 群面前的规则

无领导小组面试背后有一套行之有效的评价方式来衡量每一个面试者的基本能力，但互联网公司的面试过程中，面试官大多是非专业且基本按照自己的经验进行能力判定的，所以存在着很多的既定规则。一段新颖有创意能让人产生共鸣的自我介绍有很大的可能让你直接晋级。而面试地点简单的情报收集、获得群面试题的题库等都可以让你更有针对性地进行面试的准备。

面试是一项负荷很重的工作，其实没有面试官想去面试，他既要花时间去另外一个城市面试求职者，同时也要保证自己本职工作的原有进度。一连几天的校招，他们基本上没有太多休息时间，每位面试官脸上都有很多倦意，注意力明显会分散。所以你需要不断地去观察面试官的反馈，看他对无领导小组面试的关注度。腾讯群面过程中，时刻关注面试官的动态，你会发现他一心多用，看简历、回邮件、发微博、刷朋友圈、看求职者的表现……总之忙得不亦乐乎。在面试官注意力尚未集中之时，你需要努力整理自己的思路，吸收别人的观点，直到面试官再关注你这个小组时，迅速找准时机接住话题，把自己的观点有条不紊地展现出来，迅速引起面试官的注意。

在分析某些案例时，切忌抛出所谓的“SWOT”、“4P”理论或者引用“XX 模型”以期说服别人。理论永远是理论，用理论模型套活生生的案例如果没有独到见解很难被面试官认可，而且很容易引起组员的反感。

在观点陈述完毕之后，面试官为了控制面试时间同时让自己有更多的参与感，通常会征集一下其他组员对整体文案的补充。当你不是 Leader 或者最后的总结者时，一定记得要保留一个独特的观点。而且即使面试官没有类似的需求，你也要争取机会把保留的观点说出来，再次在面试官面前秀一把。

此外，针对面试官常问的问题之一“你觉得哪些人表现得好、哪些人表现得不好”时，一定要有自己的判断跟答案。但是在提及表现不好的同组员时，一定要注意策略。因为回答这个问题时大家都会潜意识地想到谁表现得最好，而且因为怕得罪人，一般都会说自己表现得不好。你要充分利用这个问题的回答来提升自己独特的判断力，同时隐藏自己的短板。

而对于表现差的人，你的选择必须是已经回答过问题或者是排在末尾位置的人。因为这两类人，一个已经没有机会去解释自己不是最差的一个，另外一个虽然有机会辩解，但是给你留下了足够多的空间把这个问题变成一个标准答案，让其他面试者也来引用。面试过程中，大家习惯用惯性去思考。当前面的所有人都在说自己表现得最差，突然有一个人指出末尾的同学才是表现最差的，整个群体就像被操纵一样，会把所有的不信任票都投给最后一个人。但是面试官希望看到的不是一边倒的局势，而是独特的判断。而所有人的跟风或不自信恰恰反衬了你的思维独立性。

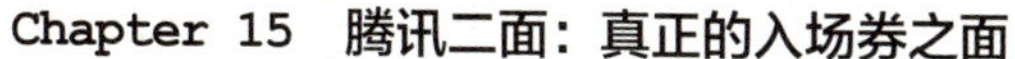

Chapter 15 腾讯二面：真正的入场券之面

在网申及笔试阶段，面试官只能通过简历及笔试成绩对求职者建立认知。而在群面阶段，因为求职者众多，留给每个人的时间并不多，所以前三轮的面试中，虽然对求职者的能力有一定的要求，但是人品却占主导地位。当然，只有通过前文的经验并不断优化细节才能为自己赢得人品。而进入到腾讯二面即专业一面的时候，个人能力就开始占主导因素，所以在准备二面的时候，修炼内功，集中展示个人能力是非常重要的。

1. 二面为何是腾讯的入场券之面

对于求职者而言，二面是整个腾讯校招的重中之重，是决定你能否进入腾讯的最关键的一次面试。

二面的面试官负责笔试题的判卷及简历的筛选，他们决定了哪些人能通过群面，在群面当中又根据对应的能力表现选择最适合的人进入专业面试，在专业面试当中又有足够多的时间去求证之前两个环节中自己的判断。所以他们的意见在整个评分表当中所占的权重是最大的。

作为腾讯中层的二面面试官，参与校园招聘通常是在为自己领导的团队招人。同时他们也极有可能担当求职者入职的导师。你未来在腾讯的表现直接决定他的判断力是否靠谱；你能力的高低直接决定你为他的团队创造价值的高低。所以二面面试官比任何人都要敬业，也比其他任何环节的面试官更为谨慎。

如果是他百分之百欣赏的人，你甚至可以直接跳过BOSS面试直接跟HR谈Offer。在2014年的校园招聘中，因为直接征服二面面试官跳过BOSS面试的人比比皆是。只要你能让你未来的Leader直接认定你能为他的团队创造价值。

2. 二面是群面的延展

二面与群面的面试形式完全不同，但实质却是群面的延伸。腾讯二面的面试官通常是你参与群面时的面试官之一，在群面的过程中他已经看到你身上的某个亮点，所以会继续为你留灯，以便二面的时候有机会与你详细接触并深入了解。

为了让面试官对你的欣赏更上一层楼，让二面跟群面的结果一样一帆风顺，必要的细节是必须要注意的。在群面结束或者在等待群面前，必须鼓起勇气与HR或者面试官攀谈、搜集必要的信息，如面试官的姓名、邮箱、微博、岗位、级别及所负责的产品，掌握了其中的任何一个细节，你进入腾讯的几率都会翻倍。比如群面结束之后，礼貌性地问面试官目前负责的产品，表示期待可以试用一下；问对方是否有开设博客或者微博，能否分享一下让新人有一个学习的榜样等，这些不经意的问题可以获得你想要的答案。

清楚面试官的姓名、邮箱或者微博，你可以尽可能地利用搜索引擎及社交网站搜集面试官的信息。按照前文讲解的方式，尽可能地了解面试官的喜好、价值观等信息，以便在面试过程中聊得更投机。

清楚面试官的岗位，你就可以知道自己具体面试的职位到底是产品经理、产品策划还是产品运营。网申时这三个职位通常都混在一起，或者即使你明确投了产品策划，公司可能也会按照运营的要求对你进行面试。所以很多人面试到最终环节时，HR问“你喜欢你投的岗位么，你知道你应聘岗位的具体工作吗”时，很多面试者都无言以对，只知道自己投的是产品经理/策划，至于面试的岗位是产品经理还是产品策划，基本都不清楚。为了避免这种尴尬，必须提前做好准备。面试官最清楚自己招聘的这个岗位需要应聘者具备什么样的特质，也会按照这些要求来招聘新的成员。所以探听到面试官的岗位即可知道公司对你的定位是什么。在面试过程中，面试产品经理与面试产品运营的侧重点又不同，所以你可以很清晰地在短时间内快速呈现自己某一方面的能力。

至于探听到了面试官所负责的产品，基本就可以确定二面聊的话题是什么了。聊游戏、电商还是社交？如果聊社交的话，聊的是熟人社交还是匿名社交，是QQ还是微信？与此相关的话题是什么？产品分析、产品现状未来发展趋势等细节，都需要你提前准备好，这些是二面过程中必聊的话题。

无论得知这些信息的代价有多大，你都需要努力地搜集一下，当大家还在用镰刀斧头作战的时候，你用激光枪可以瞬间将他们秒杀。

3. 从“自我介绍”起掌握面试话语权

在群面的面试技巧中，我们着重强调了如何通过新颖的自我介绍脱颖而出。因为在群面时面试官要面对 12 位求职者，一个有亮点的介绍能迅速让面试官对你留下深刻印象。但是在二面中你已经不需要用讨巧的方式让面试官记住你了，要让面试官对你的能力及潜力有更深层次的认知，要体现出你的专业和思路，才能赢得这份 Offer。所以二面自我介绍的目的在于打开话题，掌握面试主动权。

二面时你需要以产品经理的必备能力点去整理自我介绍，这可以更好地吸引二面的面试官。因为未来你就是为他的团队创造价值的，假如你不需要培训就能直接上手，这是每个直属上司都喜闻乐见的事情。

从市场需求谈到产品设计再到项目协调沟通，每一项能力下面都用不同的实习、兼职经历进行论证。而且如果面试官没有打断的意思，你要保证自己至少可以说 30 分钟，这样可以保证整个话语权都在你的手中。至于谈论这些的素材哪里来，每本产品经理相关的书籍都可以解决你的短板，只不过需要你按照前文的介绍把自己所有非互联网的经历用互联网的思维方式进行表述而已。

除此之外，还有几个小原则需要遵守。

二面的自我介绍。首先要融入在群面当中搜集到的相关信息，如面试官的喜好、价值观及其所负责产品及竞品的相关信息，并有针对性地呈现自己与面试官负责领域相匹配的能力，营造一种相见恨晚的感觉。如果仅仅到这种程度并不算完美，要知道，那些能进入腾讯并担任面试官的人都绝非等闲之辈，即使你不去点破为何会如此组织自我介绍，面试官也会问到。所以在他“揭穿”你之前，你需要坦诚地告诉他这些信息你是如何获取的，以体现自己的细节及信息搜集能力。这不仅不会让面试官误会你有耍小聪明的嫌疑，反而会觉得你光明磊落、懂得分享、直来直往。除了能力让面试官点赞外，人品也不会有任何瑕疵。

面试官被震撼的同时，也开始按着你设计的“圈套”逐步提问。对于一个产品经理而言，搜集信息是做竞品分析及需求分析的基础，是成就一款伟大产品的基石，面试官会对你为何有意识地去搜集这些问题及搜集信息的方法感兴趣，于是开始了一系列的提问。而你只需要把提前准备好的信息搜集理论、产品分析、需求分析理论一一讲给面试官听即可。

另外在自我介绍当中，也要善于列举面试官熟悉的话题进行论证。比如笔试技巧中提到，当你参加完笔试之后要复盘整个过程。而你在自我介绍当中论证自己是一个善于总结的人时，正好可以抛出之前准备好的这个例子，你的笔试试卷本身就是二面面试官改的，而且如果试卷分数不理想的话，也会成为自己的一个软肋，接下来的话题没准儿也会涉及到，而且你不知道面试官会如何发问。与其被动等待，倒不如在自我介绍中主动提及这个片段，把分数过渡到另外一个维度上，分数立刻就成了一个不重要的元素。而你会复盘、善于学习总结并习惯对经历过的事情提出更优文案的优点，会让你顿时成为面试官心仪的求职者。

4. 二面的专业面会问到哪些问题

并不是每个人都有足够的能力跟兴趣去把控面试，而且也总会有思维极具跳跃性、不按常理出牌的面试官。所以面试过程中不可控的问题仍旧存在，那二面的面试官通常会问一些什么问题。

问题一与意愿相关：你为什么要加入腾讯/选择这个职位？

基于前两场的交锋，面试官似乎已经对你心动，但此时进入到下一轮面试或者直接拿到Offer的人数已经定好了，他也会担心假如把这个机会给到一个志不在腾讯、兴趣也不在做产品的人，会不会白白浪费一个名额。所以需要提前确认一下，你加入腾讯或者选择做产品的意愿到底有多大。

回答这个问题时，任何外在的原因都无法打动面试官。什么“腾讯是中国市值最大的公司，产品经理是未来CEO的前身”之类的回答就不要在这里说了，因为问题的本质不在于公司是否好，职位是否好，而在于你的兴趣到底在哪里，你的爱好是否会跟产品相匹配。所以最好从内在的原因讲，如果能追溯到很久之前的一件小事，比如因为不经意使用过腾讯的产品，或者看过一本产品的书，然后腾讯或者产品这个职位便如同一颗种子开始在你的心中蔓延生长，由内在扩展到外在，基本就可以直指问题的本质了。

问题二与能力相关：假如让你去运营 QQ 空间你会如何做？

解决问题是每一位员工必备的基础能力。刚入职的员工每天的工作就是解决突发的或者被安排的事情，把所有执行的工作都做好，老大们才有时间做创造性的工作。

此类问题通常很难在短时间内有完整的思路，面试官提问时也没想着要一个标准答案，只是为了看你的反应。而你只需要坚持化大为小、化小为了的原则，把这个问题处理好。

比如可以这样回答：首先我需要跟 QQ 空间相关的团队进行沟通，明确产品当前遇到的问题以及解决之道。明确整个团队的大目标，如提升活跃度还是注册或者营收。明确之后就可以开始安排运营的工作。比如提升 QQ

空间整体活跃度，QQ空间目前虽然仍是第一大社交网站，但是产品偏低龄化，同时受其他产品的冲击活跃度有所降低。关于提升活跃度，我之前在某某公司实习的时候经常思考这个问题，可以列举一些提高活跃度的要点，最后给出结论，把这些点借鉴到QQ空间上来提升活跃度以做好运营。

这个答案就是按照前文中提到的回答面试官的原则整理而来，唯一较大的改变是前面有暗示，需要结合团队的目标跟困境来安排自己的任务，暗示面试官自己是一个既尊重Leader又具有团队精神的职员。

问题三与见解相关：你觉得微信跟QQ未来的发展会如何？

相对前两类问题，行业见解这一块儿的回答似乎更难，但实际上思路跟上一个问题非常近似。甚至部分二面的面试官对这类问题都没有很好的答案，所以可以尽量按照之前信息收集得来的资料，准备可能会被问到的与行业见解相关的问题，条理清晰地回答即可。

5. 二面结束时的提问项

面试是一个双向选择的过程，面试官通过一系列的问题对你的能力有了初步的综合评判之后，也希望你能够有针对性地提出自己的疑惑或者问题。可能大多数的面试官到这个环节只是出于礼貌走一个过场，但腾讯毕竟不是普通的公司，腾讯的面试官在整场面试时就像设计一款产品一样，完全是以用户为中心，不会设置任何多余的功能。善于做减法才能做出完美的产品，所以每一个细节都有他的用意，你要抓紧任何一个展示自己能力的机会。但是要知道，提问也有技巧：

直接拉黑型。比如：您觉得我有机会进入下一轮面试吗？

这个提问非常自讨没趣，让面试官当场点评暗示面试结果完全不合逻辑，也显得提问者十分幼稚。即使本来有机会，但在这种提问充分暴露了你不太高的情商之后，如果直接被拉黑也不要感到意外。

引火上身型。比如：腾讯继微信之后，还会出现什么伟大的产品？

面试官听到这个问题估计直接傻眼，如果他知道腾讯继微信之后会出现什么伟大的产品，他就自己创业去了，绝对不会还坐在这里招聘员工。二面面试官通常情况下只比应聘者大两三岁，也只有几年的从业经验，对互联网虽然有一定的认知度，但毕竟有限。面对这么宏大的问题，面试官只会微微一笑，然后打个太极说，“这个问题不错，那你一定想过会出现什么产品，先谈谈你的看法吧！”为难面试官就是为难自己，所以切忌抛出大而空的问题引火上身。

二面后与面试官的沟通、提问本质不是为了真正解决自己的疑虑，而是通过沟通为通过二面赢得筹码。所以在提问中要注重两个方向。

通过提问表达自己对工作的重视。面试官给你时间提问，其实就是给你机会选择，这才是提问的根本。对一份工作的重视程度可以通过三方面来表述，可以划分为对职位、公司、面试者能力是否与公司要求匹配这三方面的关注程度。所以你可以准备三种不同类型的问题，来分别表达自己对职位、对公司以及对本人能力是否与公司要求匹配的关注程度。

对职位的重视：产品的终极目标是满足人性需求，需求是满足人们的贪嗔痴。能否具体介绍一下这个职位在做需求分析时最大的挑战在哪里？

对公司的重视：校园宣讲上，你们提到过公司的很多公益项目，我从大一开始就热爱公益，所以非常想参与公司组织的这些活动，请问在接下来的三年内，公司在这一块的计划如何，希望有机会参与。

对本人能力的关注：您觉得跟这份工作所要求的素质相比，我在哪些方面还有很大的差距？个人觉得我在把握人性需求方面经验还很欠缺，能否指点通过什么样的方法能锻炼自己在这方面的敏感度？

以上的问题已经向面试官暗示了自己对这个职位是感兴趣的，通过对需求的提问显示了自己的专业性，通过三年计划的提问暗示自己至少可以待三年，通过直接剖析自己的缺点向面试官表示自己有自知之明，都是很好的信息传递。

完成了提问的本质工作后，还可以准备一些问题，让面试官进行发挥。好为人师是每个互联网从业者的共同特点，所以如果能给出一些高质量的提问，给面试官一个发挥的机会，也是极好的。而这一类问题最好是根据背景调查和信息搜集而来，必须是面试官最感兴趣且最有发言权的问题，才能让话题愉快地进行下去。

Chapter 16 腾讯三面：赢得三面的技巧

腾讯三面又称专业二面或者是总监面、BOSS面，面试官都是业内资深人士、拥有极强的管理经验和业务能力。面试所提的问题完全不按常理出牌，问题都是天马行空跳跃极大的，一般求职者很难招架住，所以大部分求职者参加完三面之后都会感觉与腾讯无缘，但最终能收到Offer的也不在少数。

1. 为什么会设置三面

腾讯的 BOSS 面由来已久，早在 2009 年校招的时候，被外界誉为“互联网首席体验官”的互联网传奇人物，腾讯首席执行官马化腾还亲自出任过“首席面试官”一职助阵腾讯校园招聘。并强调，对于腾讯来说，业务和资金都不是最重要的——业务可以拓展、可以更换，资金可以吸收、可以调整，而人才却是最不可轻易替代的，是公司最宝贵的财富。

可见在 BOSS 面这个环节，某种程度上是为了显示公司对人才的重视，尤其是对能力超强、可能同时拿到多家知名互联网公司 Offer 的学生而言，BOSS 可以通过自己的魅力去征服优秀的求职者，毕竟选领导与选公司同等重要。

这是 BOSS 的初衷，但现实是能力超强的应届生毕竟是少数，BOSS 面不仅承担着争取优秀求职者的重任，同时也要剔除能力欠缺的求职者，工作量也不小。

受 BOSS 的迥异风格、事业部招聘的名额差异、求职者的表现及招聘进度所迫，不同求职者的三面形式也千差万别。

有的BOSS在招人时喜欢亲力亲为，而有的BOSS则喜欢简政放权、给予下属更多的信任，所以资历较深的二面面试官往往也可以把喜欢的求职者直接送到终面。

两年前的校园招聘中，QQ网购、拍拍网、易迅尚未并入腾讯时，因招聘需求较大，大部分通过了二面的求职者有机会直接跳到终面顺利签约腾讯；2014年的校园招聘中，面试腾讯游戏的求职者因为招聘需求较大也直接跨过了三面；2014年微信事业部刚刚成立，这个版块同样有较大的招聘需求，面试微信事业部的人能否如此幸运减少一个环节的煎熬呢？让我们拭目以待。

进入第三面意味着你所投递的职位竞争压力巨大，需要继续竞争；也有可能是你在二面时的表现让面试官有所犹豫，需要让更资深的总监继续面试；更好的情况是二面的面试官担心你太过优秀，所以给彼此一个机会让更大的BOSS争取你。无轮是出于什么原因，你都需要清空前两轮的表现，从零开始继续准备面试，才能为自己赢得终极Offer。

2. 三面的核心关键词是什么

无论是找对象、作投资、还是招聘，大家都会关注一个词，潜力。“看看是否有潜力”这个标准是我们衡量大部分事情的重要因素，在找工作这种职业发展大事上，一句“这个人潜力不足”就可能成为被淘汰的直接理由。企业对潜力的看重是因为员工进入公司之后不可能永远只做现在的工作，他还需要成长。

但潜力这个词始终很难量化，HR 们喜欢用“冰山模型”来对潜力作比喻，“冰山以上部分”包括基本知识、基本技能，是外在表现，很容易了解与测量，相对也比较容易通过培训来改变和发展；而“冰山以下”那些难以测量的部分就是一个人的潜力了，它不太容易通过外界的影响而改变，但却对人的行为与表现起着关键性的作用。

在面试过程中三面之前的面试官因为工作经验及阅历的原因，对人的判断仅限于“冰山以上”的部分。而“冰山之下”的部分一方面不易评测，另一方面作为基层的管理干部，他们更加注重员工直接解决问题的能力，尤其是在大型公司里，对每个职位有明确的工作要求及考核标准，所以在他们的招人标准里能力比潜力更直观、更重要。

而三面的面试官作为公司的中高层领导，自然知道他们之所以走到今天70%是因为他们的沟通能力、人际敏锐度、结果敏锐度，而业务能力往往只占30%。为什么有些外行能够指导内行，因为内行的人太注重技术和方法，但是对于如何领导大家一起运用技术，如何应对外部不断变化的环境却未必擅长。二面面试官眼中的能力完全取决于三面面试官的业务战略定位和技术革新，而三面面试官对求职者的要求是必须有潜力可以随时适应业务变化，并且能一直保持极强的学习能力，成为对团队有价值的人。

3. 面试官如何评判求职者的潜力

不同风格的面试官判断一个人的简历方式是完全不同的。比如在腾讯三面中，面试官会通过一些方式来考查应聘者的一些行为特质，或者在逆境、压力下的应激情况中对面试者进行压力面试。甚至用质疑、尖刻、咄咄逼人的语言从面试者最薄弱的地方入手，使面试者处于一种尴尬的境地，再加上不友好的态度和锐利的眼神，使面试者顿感紧张和凝重。如“如果得以入职腾讯，你作为一个普通高校的毕业生如何与世界知名大学的毕业生相处”、“你没有实习经验凭什么说服我录用你”。面对这些盛气凌人、存心刁难的提问，假如你被惹恼了，或者是心理防线步步溃退，那面试这场仗你就输了。回答这类问题必须头脑清醒、冷静应对，不必与面试官针尖对麦芒，可以采取迂回的战术巧妙地回答。在这个过程中，面试官其实并不要求你能够把问题回答得多好，只是要观察你的情绪、态度和面对压力时的应激反应。很多求职者在经历过压力面之后觉得自己与腾讯彻底无缘，最后却又意外收到了腾讯的 Offer，原因就在此。能在压力下保持冷静的头脑和从容的个性，在紧张严肃的环境中还能够自由地表达，这些都是一个人潜力的展现。

相对温和的面试官则会通过一些开放性的问题来测试求职者的潜力。如“列举10个电视遥控器的改进建议”、“列举铅笔的10种用途”等。考察求职者的临场反应情况，看对方能否将过去获得的成功经验运用到现在的危机或者将来的工作中。这需要求职者展开想象，发挥主动性和创造性畅所欲言，通过预料之外的、有价值的答案为自己加分。

另外一种判断潜力的方法就是考查求职者看待事物、认识问题的格局，看候选人能否站在比自己职阶高两到三个层级的位置上来看待问题。比如面试产品经理时，面试官会问到假如是你微信的产品经理你会为产品设计些什么新的功能？如果你的建议是合理的，那为什么张小龙没有做出这样的决策呢？遇到这种无法自圆其说的问题，求职者基本都要崩溃了。其实类似问题也只是假设性的，面试官更主要是观察你的思考多一点。所以你可以围绕着微信变重的思路去考虑，比如放弃入口只做社交工具，而论证张小龙为什么没有做这种决策时，可以强调这是产品商业诉求与用户体验平衡的产物。

4. 腾讯三面的应对技巧

无论遇到何种风格的面试官，三面也都会从自我介绍开始。三面自我介绍的重点不像二面那样重点强调能力，也无需像一面那样一鸣惊人，而是要通过各种经历的描述来突出自己的潜力。三面面试官对自我介绍的时间控制比较严格，所以自我介绍时要把能突出自己潜力的经历放在前面。

描述从无到有的经历来反映自己的潜力。第一，描述事情的难度不只是从零开始，可以从负数开始；第二，从建立兴趣到把想法落地及取得成绩的详细过程。利用欲扬先抑的方式开始：

如刚上大学时非常讨厌社团，从未参加任何活动，偶然得知一位学长在社团设计的一款产品参加了“Imagine Cup 微软创新杯学生大赛”，并且得到了无数用户的点赞及知名互联网公司的邀约，于是萌生了成立一个社团、做一款闪耀产品的念头。之后可以有逻辑地去介绍社团是如何组织起来的，团队成员的挑选、分工，设计产品前的用户调查，技术实现及推广的过程……最后再强调一下，从开始到成功的时间。

通过这种反差，个人的潜力也就淋漓尽致地反映出来了。

敏锐的眼光也是潜力的一种体现。比如在微信公众账号刚兴起的时候，很多人都在把自己的重心放在微博这个平台上，错失了蛮荒期低成本获得粉丝的红利。如果你正好有运营微信公众号的经历，尽可能地把你当时的选择进行梳理，如对微信、人人甚至贴吧等平台的对比得出选择微信账号做运营的原因；微信账号运营所用的手段及取得的成绩。通过敏锐的商业眼光来证明自己独特的潜力。所以我们在研究一些产品的时候，可以把自己放在决策者的位置去考虑问题，通过分析已经做出的决策来想问题就是锻炼眼光印证潜力的一种方式。此外，对互联网细致、全面的认知，通过了解到的信息对行业走势进行一定的预判，也是三面面试官非常乐于看到的。

Chapter 17　腾讯 HR 面：HR 也很无辜

校园招聘一直是腾讯最主要的战略性招聘，腾讯每年会举行两次校园招聘，上半年实习生招聘和九月份开始的校园招聘，周期长而且投入大。腾讯集团总部招聘总监殷小永曾说，“哪怕明年一个社会招聘都不招，我们都会开展校园招聘。可能很多人都会纳闷，刚毕业的大学生能给公司带来什么帮助。殊不知我们目前使用的很多腾讯的产品，都是这些年轻人做的。”这就是腾讯对校园招聘的态度。

1. HR面会不会刷人

HR面会不会刷人？没有人能给出确定的答案，包括HR本人。因为影响HR面刷人的因素实在太多。

首先，腾讯校园招聘的名额每年都会受整个公司的战略影响而进行调整。2013年腾讯校招期间小马哥内部讲话说：“干部要饥渴，不要富二代，内部挖潜，精兵简政。今年招了1 000多名毕业生，总人数增长控制在10%以内，明年增长控制在5%以内。我相信可以从很多项目中腾出很多人手。大家内部挖潜，不要说我的人就这样，我不想动，为留人或闲着找项目做，而不是真正从本质的需求出发。该调转、调拨的，大家要有大局观，该放就放。”

这个讲话最直接的影响就是2014年的校园招聘人数有所下降，2015年毕业的人也比较悲剧。同时，这个讲话也是给人力资源部的人放风，腾讯内部团队的人员配置有问题，现有员工的能力才华没有被充分调动起来为公司创造价值。小马哥说内部不养闲人，言下之意是说内部有很多闲人，那校园招聘的名额是否会紧缩？HR立刻言传意会，临时对整个招聘计划进行调整。已经发放Offer的学生暂无变动，但是正在放Offer的招聘城市策略立刻就会产生变化，之前可发可不发的Offer就不发了。而之前给过口头Offer的也有部分人悲剧。没能最终签下Offer的那一刻，你都不能百分百确定拿到了工作。

其次，备胎太多。虽然经历了前几轮的面试面试官已经有决定了，但是按照往年的经验来看，到终面的学生放弃Offer的也有不少，为了稳妥地招到合适的人，会放一些备胎进来，让HR进行最终评定。

除此之外，区域名额的调配也是刷人的原因之一。腾讯在不同城市的招聘名额是有比例的，不同的学校比如“985”、“211”、二本、三本甚至是专科都希望有一定比例的学生。因为互联网是一个对用户需求把控要求非常高的行业。如果所有的学生都来自名校，那他可能就缺乏对一些普通高校学生行为的把控，所以公司希望员工背景多样化。另外很多人说北京或上海的大学生可能更见多识广一些，视野更开阔，那所有的名额是不是都集中到这里？也不是。因为中国的大学生，像武汉、成都那边大学生的思维方式完全不同，他需要这些不同的人来擦出更多的火花。HR要根据这样的因素来稍微调配一下，可能进入HR面的十个人中有九个人都是来自“985”名校的，那这个非“985”的学生优势反而会大一点。从专业背景来说他也是希望专业背景多样化，所有的运营人员都是计算机相关的专业，那非计算机相关专业的也需要调配一些。所有的微调本着的原则都是学校、背景、专业多样化。所以你的专业非常冷门未必是一件坏事。

2. HR的一票否决权

HR是整场面试过程中最专业的面试官，即使不懂产品、运营等具体业务，他也能从你的答案中找到缺陷。所以在HR面环节不需要耍任何花样，也无需使用任何技巧。HR面主要会围绕两个方向，一是个人能力的综合主力，二是你跟企业文化的匹配度，而在这两项评定中，HR都有一票否决权。

在前面的*N*轮面试中，面试官可能对你表现出来的个人素养有一些拿不准，他们会在你的简历或招聘档案中标注出来，留到HR这里由HR亲自把关。涉及业务方面的问题，清晰的思路跟流程很重要，不能出明显的纰漏。但是如果你在与他的对话中故意夸大了简历中的某项事实或者耍一些小聪明，效果只会适得其反，甚至会因此而无法拿到Offer。HR在业务方面的能力应该无法匹敌二面及三面的面试官，所以，能到HR面这一环节，能力已经不是最重要的考查要素。

第二个是与企业文化的匹配程度。正直、进取、合作、创新是腾讯的价值观，这些基本素质也是我们在生活、实习过程中的必备能力。比如创新，我们整个面试的准备过程都是围绕这点进行的，在 HR 面中只要你没有太大的纰漏基本就没有问题。此外，HR 面经常会问公司的产品怎么样，你对腾讯山寨怎么看，你现在已经拿到了哪些公司的 Offer，你对你的职位怎么看等一些相关问题，这些其实都是在发掘你对企业的认可程度，也都是一些很常见的问题。假如你对公司的企业文化不是特别认同，签了 Offer 进入公司之后，你痛苦，面试官更痛苦。

此外，HR 还会做一些背景调查，以便知道你的情况是否与公司的定位相符。比如交通问题、回家频率、是否是独生子女，通过这些问题考查你的独立能力以及你对家庭或者家庭对你的依赖程度。

另外还有薪酬确定。腾讯每年给应届生开出的薪酬都相当有诱惑力。针对不同的人会在一个区间内波动，这个区间是在校招之前已经定好的，然后根据岗位及个人素质来确定最终薪酬。因为薪酬的浮动涉及的部门非常多，HR 需要向 BOSS、薪酬规划委员会请示，整个流程非常复杂。不论你是否看重腾讯的 Offer，对薪水不满意的话基本藏在心里即可，如果不是诚心签 Offer，只为证明自己的实力，出于尊重表明原因即可，无需在薪酬这里计较。

做互联网产品和策划都要去倾听和满足用户的需求，所以 HR 面也要操持好这两方面的能力。HR 也是用户，他提到的任何问题都是在跟你沟通，你需要用心去倾听然后反馈给他，让 HR 确认你是一个非常愿意倾听的人，跟互联网公司的文化是非常契合的。他问问题时，想确定你某方面的具体能力就是他们的需求。你需要精准地组织语言，不浪费他的时间，及时有效地互动，满足他的需求即可。

万里长征最后一步，HR 也希望招到更多的优秀人才，所以在最后一面中一定要谨小慎微。HR 面尽量把自己打造成为“有梦想、爱学习的实力派”。“有梦想”是指对互联网行业有热情并会持续关注，将其作为自己长期的事业来发展；“爱学习”即有潜力，拥有良好的基础素质；“实力派”并不特指名牌高校，但必须有丰富的实践经历，对产品有个人独到的见解。这也是腾讯的招聘哲学。

Chapter 18 浅析阿里巴巴校招之产品经理

阿里巴巴的产品经理面试难度同比另外两家会更小，这不是因为阿里巴巴对产品经理的要求低，而是他们的招聘信息更透明。

首先阿里巴巴的面试进度包括每个城市面试官的详细信息都会在新浪微博上贴出来，这也是其延续了两三年的传统。相比之前的信息搜集，阿里巴巴可以说把所有的信息都曝光给大家了，除了能一目了然面试官的相关信息外，还可以直接在微博上“勾搭”面试官赢得面试的机会。阿里巴巴的 Offer 和其他公司的发放完全相同，可能一个面试官就可以决定你是否能拿到这个 Offer。面试官的自主权非常大，所以面试的效率非常高。

即使现在微博的活跃度在下降，作为微博的股东之一，阿里巴巴的员工还是相当支持微博的，所以在微博里通过评论很容易跟他们互动。虽然腾讯校园招聘的面试状态查询已经在微信中进行，但阿里巴巴似乎并无意把校园招聘与来往的推广联系在一起，目前阿里巴巴已经发布了校园招聘的详细信息，在问答环节中，仍然建议用户有疑问可以通过微博互动来得到解决。

另外阿里巴巴产品的诞生流程也很清晰：由公司的使命与愿景出发，进行知己知彼的可行性分析之后敲定战略，做出产品路标规划，之后进行产品立项。经历用户需求的采集、分析、筛选之后，找出核心用户真实的产品需求，并在时间与人财物资源不足的情况下找到能同时满足用户需求与商业需求的方案。通过需求评审后，技术团队进入开发并测试，产品发布后由商业团队负责销售及推广。

所以无论是岗位要求还是面试官信息甚至面试过程中的灵活度，阿里巴巴校招都会让你有一个不一样的体验。阿里巴巴的产品经理需要求职者具备以下的软实力：

聆听，阿里巴巴的产品不仅要衡量好商业利益与用户体验之间的平衡，与其他产品不同的是阿里巴巴产品的用户中除了普通用户以外还有卖家用户。公司、卖家、买家三方的利益都要去满足，所以作为产品经理需要聆听各方的规划、策略和需求。

发言者，当你开始独自负责一个项目时，你需要去阐述产品理念及细节，以争取到更多的资源去推动项目进展及产品运营，让自己的观点掷地有声，得到更多人的赞同。

管理者，带领团队完成需求分析、产品设计和项目实施，保证产品的顺利发布，成长为一个优秀的管理者。

决策者，根据公司的愿景分析阿里巴巴生态系统业务需求，设计与需求相关的产品和服务流程，提供解决方案，帮助公司完成战略布局。

这其中对应的也是阿里巴巴产品经理成长的四个阶段，即需求分析、负责项目、团队管理、战略规划。

在阿里巴巴2012、2013两年的校园招聘中，技术跟运营是分开来招的，技术的校招安排在9月，运营的校招安排在11月。而当时产品经理这个岗位是放在技术招聘当中进行的，所以应聘阿里巴巴的产品经理最好有一定的技术背景。此外，阿里巴巴的整个产品都是建立在强大的数据支撑体系之上的，所以不管你做什么样的产品都需要一个数据去做支撑。

在阿里巴巴面试的过程中我们用什么样的思路来表现自己更能让面试官心动？阿里巴巴集团校园招聘负责人文德曾撰文解密阿里巴巴校招的面试规则，阿里巴巴面试考核求职者几方面的能力：现在能力、未来潜力、人品。其中第一个因素是最重要的，因为后面两个因素有太多的人为判断因素，无法量化。所谓的面试准备，“现在能力如何”很难有大的改变，后面两个因素是可以短时间做一些准备的。所以如果既能有条理地去展现自己超强的能力，又能让面试官觉得自己具备潜力，面试过程自然会无往而不利。

后记

错过 BAT，你离互联网公司还有多远

15 年前，“考公务员是王道，国企央企算首选”是应届生毕业生的工作观，10 年前中国加入 WTO 后，越来越多的外企成为应届生的优先选择，但是在这些行业里，你能轻易预见到自己的未来，20 岁的时候就能看到自己 40 岁的影子，你会突然陷入迷茫，觉得这样的生活很无趣。马化腾曾说，互联网的魅力在于一切皆有可能。互联网这个行业每天都在推陈出新，每一个不可思议的想法都在逐渐成为可能，于是在 5 年前，伴随着移动互联网的浪潮，更多的优秀应届毕业生将目光投到了互联网行业。

互联网让之前一切不敢想的事情逐渐变为现实，这得益于每一个在互联网工作的人为公司创造的价值。15 年前人们主要通过大哥大、传呼机、信件来沟通，QQ 的出现让人跟人之间的沟通交流发生了根本的改变，用户在任何时间、任何地点，在任何终端、任何接入方式，都能实现语音、文字、视频的互通，微信的出现则把这种沟通做到了极致。15 年前，人们获取信息的主要渠道是电视、广播、报纸、杂志，但今天这些传统媒体逐渐走向没落。而在移动互联网时代，用户自主选择的权利加强，每个人都能自由地用微博、微信、微信公众账号表达观点，成为新闻的扩散源。因为互联网，信息传播正在从以前的自上而下，变成了如今的自下而上。决定信息和内容的不再是某个人，而是每一个参与到互联网中的用户。15 年前，人们购物只能去商场超市，然而现在淘宝、京东，足不出户就能买到日常生活中的所有物品，逐渐没落的李宁和被迫转型的苏宁让人们意识到互联网对于传统行业的冲击和颠覆是如何迅猛而且毫不留情。

互联网崇尚自由、民主、平等。在自由平等的环境里工作，你开始会有自己的“操作系统”，会对每一件事情有自己的判断、态度、观点。你不需要每天西装革履准点上班，也不需要去讨好领导迎合上司，甚至你都不用从普通的职员做起。你的价值不在于当一颗螺丝钉，你的每一个想法都会反馈在你的网站、产品以及运营手段上，影响数百万甚至是几亿用户，个人价值可以通过互联网无限放大。

互联网可以帮你实现财务自由。进入互联网公司，你会有一份优厚的不含任何灰色收入的薪水。如果足够幸运进入一家有创意有前景的互联网公司并能获得期权时，你的身价会随着每次的融资实现线性增长，这是互联网跟其他行业非常不一样的地方，员工可以共享公司的利益，你在国企上班或许永远不会有这样的机会。

吴军在《浪潮之巅》的前言中曾提到，“从苹果、微软、雅虎到 Google、Facebook、特斯拉，都先后借助互联网被幸运地推到了时代的浪尖，虽然有些正在衰落，但是他们都曾极度辉煌过。这些公司里面的员工在外人看来都是时代的幸运儿。虽然对于一个公司来讲，赶上一次浪潮不能保证它长盛不衰；但是，对于一个人来讲，一生赶上这样一次浪潮已经足够了。对于一个弄潮的年轻人来讲，最幸运的莫过于赶上一波浪潮。”“一声呐喊，亿声回响”曾是腾讯 2010 年校园招聘的主题，加入腾讯你将成为时代的弄潮儿，你的每一个靠谱的想法都将影响上亿的用户，你的每一次呐喊都将得到上亿人的响应。而腾讯的发展只是中国互联网十几年高速发展的一个缩影，在正确的互联网公司遇到正确的人做正确的事，你便会成为时代的弄潮儿。

当你期待拥抱变化，立志加入互联网成为时代的弄潮儿的时候，就必须从现在开始未雨绸缪，认真规划自己的大学生活，努力提高对互联网的认知，避免以后的困惑和迷茫。

首先，你可以关注互联网相关的动态，新浪科技、36Kr 都有一手的互联网资讯，通过这些资讯，获取行业深度解读，并逐步形成自己的判断和观点；在知乎、多贝、极客公园、极客门中有很多资深产品经理成长的心得，努力吸取可以让自己在产品道路的成长上少走很多弯路。

当你看完一篇互联网资讯而不再觉得晦涩难懂时，就可以系统地储备产品经理成长所需要的理论知识。开始给自己列一个阅读计划吧：

《人人都是产品经理》，能让你对产品经理的工作形成认知，轻松掌握产品经理对于需求管理、项目管理、团队协调的相关理论知识；

《结网》，阅读一个资深产品经理关于互联网产品经理职业选择以及如何创建互联网产品的相关知识，同时对用户体验、产品优化、数据分析、产品运营、项目管理、竞争情报分析等有了一定的认识，逐步培养起自己的产品格局；

《用户体验要素》、《Don’t make me think》、《赢在用户》、《设计心理学》能带给你一些用户体验的基础概念，学习以用户为中心的设计方法来进行网站设计的复杂内涵，关注思路而不是工具或技术，从而使你的网站具备高质量体验的流程。

《怪诞行为学》教会你分析消费者行为和消费心理的方法，《定位》中你可以学到如何在预期客户的头脑中给产品定位，《失控》则是一本你通读了全文张小龙就会录取你的书。通过这一系列书籍的阅读，你会对产品经理、用户体验、设计、运营、推广、数据有一个更好的认知。

在工具层面，可以掌握基本的 Axure、Ps 技能，设计出更好的原型图，可以将各种优秀的网站的原型图都做一遍。这不仅能作为面试时的作品进行展示，也能潜移默化地去锻炼自己的网站架构能力。

具备一定的理论基础之后，你可以去体验时下所有的互联网产品，变换不同的身份比如产品经理、对互联网无认知的普通用户、对产品忠诚度高核心用户等不同角度去体验这款产品，并与真实状态的用户进行交流，以提高自己的认知。重点跟进热门产品，研究产品迭代的每一个小细节，从用户、产品、商业等不同维度去分析其中的原因，适当地预测接下来的版本当中会有的变化。并把这些心得作为习惯写下来。

在寒暑假寻找一份与产品职位相关的实习或者是组织小伙伴们一起去设计、开发、发布、推广一款产品，真实体验产品经理的工作流程。

就像乔布斯所说的，这些都是人生中积累的点点滴滴，面试时你会把这些点点滴滴串联起来，形成一份满意的答卷，拿到 BAT 的 Offer。当你拿到它们的 Offer 时，请谨记乔布斯的座右铭：求知若饥，虚心若愚（stay hungry，stay foolish），我们需要了解自己的渺小，不能把自己的辉煌停留在毕业时拿到腾讯 Offer 这件事上。如果不学习，科技的发展会让我们所有的一切在五年后被清空，所以我们必须用初学者谦虚的自觉，饥饿者渴望的求知态度来拥抱未来的知识。

能拿到知名互联网公司 Offer 的人毕竟是少数，即使在校招中被 BAT 拒了也不是一件糟糕的事情，因为这并不意味着什么。“记住你即将死去”是乔布斯一生中遇到的最重要的一句箴言。它帮乔布斯指明了生命中重要的选择，几乎所有的事情，包括所有的荣誉、所有的骄傲、所有对难堪和失败的恐惧，这些在死亡面前都会消失，但会留下真正重要的东西。对你而言，能进入一家优秀的互联网公司你已经无怨无悔，那就没有理由不去追随你的心，寻找一家可能会成为未来巨头的互联网公司。

错过 BAT 你什么也没有失去。正因被拒绝，你的职业道路上才会有一种残缺美，也才让你更有勇气、更谦虚地去创造自己的未来！